两岸四地法律实务点滴

孙志祥 李志强 钟颖 顾跃进 □ 主编

文匯出版社

前言

伴随着改革开放，大陆经济得到了飞速迅猛的发展。香港、澳门相继回归，加之陆台两地经济文化交流的日趋广泛，经贸往来频繁，两岸四地间法律实务及案例显著增多。由于法域冲突，法律差异、文化差异等问题，在两岸四地的经济、生活交往中，还有许多法律困扰，甚至法律难点。

上海市律师协会港澳台业务研究委员会于 2010 年成立，委员多为从事涉港澳台业务的专业律师。现在，他们将多年的业务研究经验、实务案例等写成论文，集结成书。这些论文主要涉及两岸四地常见法律规定之比较；港澳台商人赴大陆投资的一些热点法律问题探讨；大陆商人赴港澳台投资的法律指引等。希望本书能成为两岸四地经济生活互动中的法律工具。

目录

孙志祥

　　现执业于上海市浦栋律师事务所。哈佛大学法学院访问学者，复旦大学法学院硕士研究生毕业。曾获上海市三八红旗手、上海市优秀女律师、上海市20年突出贡献女律师等称号。上海市浦东新区人民政府法律顾问，上海市律师协会外事委员会副主任，上海市律师协会港澳台业务研究委员会主任。常年担任跨国公司和大型国企的法律顾问，主要从事涉外公司投资和融资法律业务。

两岸关于背信行为之法律认定初探

孙志祥

　　曾经有台湾的律师与我讨论，在台湾构成背信罪的行为在大陆司法实践中是否同样可以立案并最终获得法院的判定？当时，该台湾律师代理的一个案件已经在台湾成功以侵占、欺诈以及背信之罪名予以立案，与该案件相关之财产和公司则分布在大陆各个大中城市，且有关被告都在大陆的公司中兼任重要的管理职位，该台湾律师成功地在台湾立案所涉及的很多证据是基于大陆公司股权异常变动和资产异常转移之行为。而如果想要在大陆依照同样的事实，指控那些涉案当事人犯有同样的背信罪，似乎尚无法可依。本文将简要分析台湾地区和大陆关于背信行为的法律规定，并结合一些相关的案例，对背信行为的法律认定作初步探讨。

　　所谓背信行为，是指处理他人事务或管理、处分他人财产或财产性利益的行为人，故意滥用权限或违背信托义务，损害该人财产利益的行为。（《北京大学法学百科全书·刑法学 犯罪学 监狱法学卷》，北京大学出版社 2003 年版，第 33 页）背信行为的本质在于行为人违背了基于他人的委托而产生的信任关系和诚实处理他人事务的义务，他人可基于委托、委任的基础法律关系而追究行为人的法律责任。而背信行为是否构成犯罪，行为人是否需要承担刑事责任，则取决于各国或各地区的不同立法。

背信罪属于财产犯罪，是一种破坏诚实信任关系的犯罪。1928年的中华民国刑法及1935年国民党政府颁行的刑法都规定了背信罪，台湾地区目前的刑法仍然延续了当时法律对于背信罪的规定。大陆刑法由于受前苏联刑法的影响，未能规定普通背信罪，但规定了特殊类型的背信犯罪。

台湾地区刑法第342条第1项规定了背信罪，即"为他人处理事务，意图为自己或第三人不法之利益，或损害本人之利益，而为违背其任务之行为，致生损害于本人之财产或其他利益者，处五年以下有期徒刑、拘役或科或并科1000元以下罚金。前项之未遂犯罚之"。

根据该条规定，就客观方面，行为人必须有"为他人处理事务"的义务，须以为他人处理事务为前提。所谓"为他人"，系指受他人委任，而为其处理事务。也就是说，行为人与本人间需有特定的关系，例如委任关系。主观上，行为人需要"意图为自己或第三人不法之利益，或为损害本人之利益"。所谓不法利益，须与本人之财产或其他利益所受之损害为间接关系，方构成本罪。如将持有他人之所有物直接加以处分，应属侵占罪，而非背信罪。也就是说行为人需要故意为此犯罪行为，方可构成本罪。因此，背信罪不处罚过失犯。若有过失为上述行为者，则应依照民法上就其当事人间之法律关系（例如委任关系）处理。此外，行为人须有"违背其任务之行为"，行为结果为"致生损害于本人之财产或其他利益"，也就是说，行为人以有取得不法利益或损害本人利益之意图为必要，若无此意图，则缺乏意思要件，即使有违背任务之行为，并致损害于本人之财产或其他利益，也难以构成背信罪。换句话说，背信罪

8

必须违背任务之行为，具有为图取不法利益，或图加不法损害之意思，为构成要件。若本人利益之受损害，基于正当原因，并非出于不法行为，则因缺乏犯罪意思要件之故，也难以构成本罪。

台湾有个购买彩票的案例，比较好地说明了背信罪的构成以及相应的刑事处罚：

高雄市一张姓夫妇原经营乐透彩投注站，涂姓台商因每次返台都向他们投注而与他们相识；之后涂姓台商在大陆经商时，就电话委托张姓夫妇代下注。2009年5月间，涂姓台商赴大陆前，给了张2000元，并说"投注的号码，会用短信传回来"；事后张姓夫妇依涂姓台商发回的号码买了5期都没中。2009年7月2日，涂姓台商又请张姓夫妇以先前短信里的两组号码再买3期，结果中了"威力彩"头奖，奖金9.2亿元新台币。中奖后，张姓夫妇于7月8日到中信银行台北总行领奖，将税后7亿多彩金存入张太太账户。而在涂姓台商回台后，两人更加避而不见。涂姓商人指控张姓夫妇受托代购彩券，中奖后私吞彩金。最终，高雄地方法院以背信罪分别判处张姓夫妇两人2年有期徒刑。（本案例来源于http://sports.163.com/11/0606/16/75SK904V00052DT2.html）

关于背信罪与侵占罪，台湾地区法院曾经在其判决中加以释明：刑法上之背信罪，系指为他人处理事务之人，以侵占以外的方法违背任务，而损害本人利益之行为而言；至于侵占罪，则系以侵占自己持有他人之物为其特质，故行为人对因处理他人事务而持有之物，以不法所有之意思据为己有之行为，属侵占罪，而非背信罪；背信罪，为一般的违背任务之犯罪，而侵占罪，则专指持有他人所有物以不法之意思，变更持有为所有的侵占人自己而言。故违背任务行为，虽然系其持有之他人所有物，意图不法据为己有，应以侵占罪处罚，不能援用背信罪处断。因此，若行为人之行为已该当侵占罪之构成要件时，即无背信罪之适用。

对于行为人不履行合同，是否构成背信罪，台湾地区法院也曾经在判决中释明，背信罪之主体限于为他人处理事务之人，如为自己之工作行为，无论图利之情形是否正当，与该条犯罪之要件不符。委托人向行为人定制证章，限时完成，银货两交，属于民法上之承揽契约。行为人于订约后为委托人制作证章，属于自己之工作行为，并非为他人处理事务，即使其工作瑕疵由于故意或过失所致，委托人除依法请求修补或解除契约或请求减少报酬，并得请求损害赔偿外，不能绳以刑法上之背信罪；行为人未履行出卖人之义务，而将买卖标的物再出卖于他人，与为他人处理事务有区别，与背信罪以为他人处理事务为前提之构成要件不符；耕作地之出租人，依法应将耕作地交与承租人使用收益，但其交地行为，并非为承租人处理事务，则其不能交付，不问其原因如何，均与刑法上之背信罪无关。因此，行为人在签署合同后，拒不履行合同，因行为人行为属于"自己之工作"，而非"为他人处理事务"，亦不能以背信罪论处。

对于行为人处理他人事务或管理、处分他人财产或财产性利益的行为，大陆《民法通则》规定了代理制度，大陆《合同法》则具体规定了委托合同，并从民事角度规范了代理、委托制度；另外，在一些特别法中，如大陆《公司法》对公司董事、监事、高级管理人员的"忠实义务和勤勉义务"作出了具体规定。大陆《信托法》原则性地规定了"受托人应当遵守信托文件的规定，为受益人的最大利益处理信托事务。受托人管理信托财产，必须恪尽职守，履行诚实、信用、谨慎、有效管理的义务"。

大陆现行刑法未规定普通背信罪，但规定了多种特殊的背信犯罪，如非法经营同类营业罪、为亲友非法牟利罪、徇私舞弊造成破产、亏损罪、徇私舞弊低价折股、出售国有资产罪、挪用资金罪、擅自运用客户资金罪、违法发放贷款罪、侵占罪、职务侵占罪、挪用公款罪等。这些犯罪都具备了背信罪的构成要件，只不过在犯罪主体、侵害对象或者行为方式等方面有一定的特殊性，因而是特殊类型的背信犯罪。（任彦君：《论背信犯罪》，《甘肃政法学院学报》2008年第3期）

对于滥用权限或违背信托义务，损害委托人财产利益的行为，除非行为人具备特殊身份，或侵害对象特殊，委托人方可追究行为人的刑事责任，大部分情形下，委托人只能通过民事诉讼的方式来追究行为的违约责任。要正确区分背信的罪与非罪，必须明确背信与违约的界限。首先，它们产生的前提条件不一样，违约的前提条件是约定（即订有合同），这种约定可以是民事合同也可以是经济合同，背信的前提是委任；其次，其行为的内容不一样，违约是违反约定中的义务，而背信则含有滥用权利与违背义务两种情形；最后，违约与背信的结果要求也不同，违约不一定造成他人财产上的损失，而背信罪的成立必须造成他人财产上的损失。

本律师就职的律师事务所曾经处理过这样的一个案件：一家著名的餐饮连锁企业，其下属餐厅遍布大陆各地。丁某为该公司的区域开发经理，负责公司下属餐厅的选址、与房屋占有人洽谈、签订租赁协议等事宜。2006年10月，公司发现下属餐厅经营场地的租赁情况极不正常，于是展开调查。后发现自2003年4月至2006年2月，在丁某任公司开发部经理期间，在公司可以与大房东直接签订租赁合同，取得低廉租金且不需要支付电增容补偿费的情况下，丁某伙同他人另行设立公司作为二房东，以公司代理的名义，按照低廉的租金价格与大房东签订租赁合同，然后再以非常高的租金价格外加虚假的电增容补偿费将该等房屋转租给公司，从中赚取巨额差价。

本所律师协助该公司进行了各方面的调查，据此掌握了大量的事实和详细的证据，并向公安机关报案，举报丁某涉嫌商业贿赂、职务侵占、伪造公司印章、侵犯商业秘密等多项犯罪行为。最终，法院根据公安机关查获的证据，判处丁某构成公司人员受贿罪。

同样的案例还有一个：张某于 2008 年 5 月至 2009 年 9 月，在大陆某公司先后担任公司总裁秘书、销售总监助理等职务，负有保管上司英文私章、为上司填写报销单等职责。2008 年 11 月至 2009 年 8 月，张某利用职务便利，虚构公务开支，将私人消费的发票及空白发票自行填写之后，擅自加盖自己保管或私刻的上司私章向公司报销，金额共计人民币 175783.01 元。同时，陈某某于 2007 年 8 月起担任该公司会计，负有初审公司人员报销事宜等职责。陈某某明知张某系虚假报销，仍于 2009 年 2 月下旬至 8 月，多次审核通过张某虚假报销的有关材料，张某因此得以报销金额共计人民币 113985 元。期间，陈某某还帮助填写空白发票用于张某向公司报销，陪同张某私刻上司私章并替张某藏匿私章。上述虚报的钱款全部转入被告人张某的银行账户，后张某通过银行转账给予陈某某人民币 7200 元，其余款项除少部分被二人吃用花销外，均由张某占有、使用。法院经审理认定，张某、陈某某在担任公司工作人员期间，利用职务便利，将本单位资金非法占为己有，金额巨大，其行为已构成职务侵占罪。（本案例来源于北大法宝案例库）

上述两案例中，行为人作为公司的业务经理或总监助理，"为他人处理事务"，属于背信罪的主体，其行为方式及行为后果皆符合背信罪的构成要件，但因大陆刑法没有明文规定普通背信罪，法院最终以特殊背信罪判处。

2006 年 6 月 29 日通过《中华人民共和国刑法修正案（六）》首次明确规定了"背信"犯罪，即，第 9 条规定的"背信损害上市公司利益罪"和第 12 条第 1 款规定的"背信运用受托财产罪"。

《中华人民共和国刑法修正案（六）》第 9 条规定，上市公司的董事、监事、高级管理人员违背对公司的忠实义务，利用职务便利，操纵上市公司从事下列行为之一，致使上市公司利益遭受重大损失的，处三年以下有期徒刑或者拘役，并处或者单处罚金；致使上市公司利益遭受特别重大损失的，处三年以上七年以下有期徒刑，并处罚金："（一）无偿向其他单位或者个人提供资金、商品、服务或者其他资产的；（二）以明显不公平的条件，提供或者接受资金、商品、服务或者其他资产的；（三）向明显不具有清偿能力的单位或者个人提供资金、商品、服务或者其他资产的；（四）为明显不具有清偿能力的单位或者个人提供担保，或者无正当理由为其他单位或者个人提供担保的；（五）无正当理由放弃债权、承担债务的；（六）采用其他方式损害上市公司利益的。"

《中华人民共和国刑法修正案（六）》第 12 条第 1 款规定："商业银行、证券交易所、期货交易所、证券公司、期货经纪公司、保险公司或者其他金融机构，违背受托义务，擅自运用客户资金或者其他委托、信托的财产，情节严重的，对单位判处罚金，并对其直接负责的主管人员和其他直接责任人员，处三年以下有期徒刑或者拘役，并处三万元以上三十万元以下罚金；情节特别严重的，处三年以上十年以下有期徒刑，并处五万元以上五十万元以下罚金。"

从以上规定可以看出，虽然首次明确了"背信"犯罪，但大陆刑法仍然严格限制了背信犯罪的主体、行为对象及行为形式。首先，背信损害上市公司利益罪的犯罪主体是特殊主体，只有上市公司的董事、监事、控股股东或实际控制人能够构成本罪，其次，本罪侵犯的客体是公司董事、监事等高级管理职务的廉洁性和上市公司的经济利益。行为人违背对公司的忠实义务是构成本罪的本质特征。第三，背信罪的客观方面表现为行为人利用职务便利，实施了操纵上市公司进行不正当关联交易，侵害上市公司利益的行为，而这些行为由刑法通过列举的方式列明；第四，背信罪须有损害后果的实际发生才构成。而关于背信运用受托财产罪，犯罪主体只能是金融机构，个人不能成为本罪主体。其次，"擅自"是指没有经过客户或委托人的同意，即使经过上级同意但没有经过客户或委托人的同意，仍属于"擅自"；而"受托义务"一般来源于委托合同和信托合同，而不问其采用口头形式还是书面形式（除法律有规定必须采用书面合同的以外）。所以，一般而言"违背受托义务"就是违反合同义务，应负违约责任。但由于行为人实施了擅自运用客户等行为并达到情节严重程度，故行为人要负刑事责任。

无独有偶，在大陆河南省，也发生过一起与本文开头提及的第一个案例相同的案例：

程先生长期在钟某某经营的投注站购买彩票。因程先生经常在外地工作，所以委托钟某某按其确定的号码代买彩票，并事先将购买彩票的资金交给钟某某。2006年8月24日，程先生投注的一组号码中了双色球二等奖，奖金为482798元。当时程先生远在内蒙古，未能及时了解中奖情况。2006年8月26日，钟某某到河南省福利彩票发行中心将税后奖金386238.4元领出。程先生返回后向他索要奖金时，钟某某却拒不返还，程先生无奈将其告上法庭。法院经审理认为，程先生与钟某某之间形成了委托合同关系。钟某某

14

的行为属于不当得利，应将此笔奖金给付程先生。2009 年，河南新乡市中级人民法院终审作出终审判决，判决钟某某返还程先生双色球第 2006099 期二等奖奖金 386238.4 元。（本案例来源于 http://sports.163.com/11/0606/16/75SK904V00052DT2.html）

同样的案件，在台湾地区会被认定为构成刑事犯罪，而在大陆则仅是普通的民事案件，这完全取决于不同的刑事立法和刑事政策。但我们不妨考虑一个问题：依照大陆刑法，钟某某的行为是否构成刑事侵占罪？但侵占罪是以"持有他人之物"为前提。钟某某受托为程先生购买彩票，未持有程先生的任何财产，因此也不符合侵占罪的构成要件。

回到本文开头台湾律师提到的案件，即高级管理人员通过隐晦的操作，将大陆公司的股权和资产进行有目的的转移和掏空的行为。依照大陆民法及公司法等，大陆公司仅有权对该等高级管理人员或董事提起民事诉讼，要求其赔偿由此给公司造成的损失。大陆《公司法》对于股东针对董事、高管人员的违法行为而提起诉讼则作了一定的限制：如果董事、高级管理人员的行为造成公司损失的，则必须经过监事提起诉讼的前置程序；只有在特定情形下，公司股东才可以自己的名义直接向法院提起诉讼（《中华人民共和国公司法》第一百五十二条）；同时，只有当董事、高级管理人员的行为造成股东损失的，股东方可向法院提起诉讼（《中华人民共和国公司法》第一百五十三条）。而要通过刑事犯罪的途径控告那些高管，则目前大陆似乎还没有很强有力的法律支持和司法实践来证明。

李志强

现执业于上海金茂凯德律师事务所。国际律师
协会理事，上海市律师协会理事。曾荣立司法部个
人二等功、获第八届上海市十大杰出青年、上海市
律师涉外服务标兵等称号。1990年起做专业律师，
先后办理了200多例企业并购重组和融资上市法律
业务，为鞍钢、宝钢和中国2010年上海世博会及上
海迪斯尼等国家重大项目提供法律服务。

大陆企业赴台上市的律师实务

李志强

一、台湾存托凭证概述

（一）台湾存托凭证的含义

存托凭证，也称预托凭证（Depositary Receipts, 简称"DR"），是指在一国证券市场上流通的代表外国（境外）公司有价证券的可转让凭证。1927 年 J.P. 摩根为了方便美国人投资英国零售商 Selfridge 的股票，首创了美国存托凭证（ADR），其后相继出现了全球存托凭证（GDR）、国际存托凭证（IDR）等。

台湾存托凭证（Taiwan Depositary Receipts, 简称"TDR"），即在台湾地区发行的代表台湾地区以外的一定数量的公司有价证券。台湾存托凭证以新台币计价买卖，其交易单位、价格、交易时间、价格升降等均与台湾地区的股票规定相同。

近年来，存托凭证在世界范围内取得了较大发展，对全球的资本市场具有一定的吸引力。对于发行人而言，在特定的外国（地区）发行存托凭证，一则可以拓宽融资渠道，加强筹资能力，分散公司的流动性风险；二则可以增强公司在该国（地区）的曝光度，加强与该国（地区）投资者的联系，有助于在该国（地区）拓展业务、实施并购战略、对该国（地区）雇员实施员工持股激励计划等；三则由于避免了对直接在该国（地区）发行有价证券的法律要求和发行公司所在国对于本国企业海外上市的限制，上市审查的内容相对比较简单，发行的成本也比较低。对于投资者而言，可以方便其投资境外公司股票，直接成为该境外公司的股东或者利用存托凭证与该境外公司股票之间的价差进行套利。

（二）台湾存托凭证的监管体系

台湾地区的金融监管法律体系经过了多次调整，上世纪90年代岛内的金融业的严峻局势推动了台湾地区以金融体系整合为核心的新一轮的金融改革。其中十分重要的一项即设立单一的金融监管机构"金融监督管理委员会"（以下简称"金管会"）。2004年7月1日，"金管会"正式挂牌成立，合并监管银行、证券、期货和保险业务。（檀江林：《经济自由化以来台湾金融改革研究》，合肥工业大学出版社2005年版，第45页）自此，台湾证券市场的重要申请案均需通过"金管会"的批准，在"金管会"中，"证券期货局"是直接负责证券市场的部门。

二、大陆企业发行台湾存托凭证的背景和现状

（一）陆企发行台湾存托凭证的背景

大陆企业去台湾地区发行存托凭证不是一蹴而就的，而是基于两岸关系改善、台湾经济发展需要、台湾当局逐步对大陆资本开放的大背景。

2008年6月26日，台湾当局通过"调整两岸证券投资方案"，开放相关交易所挂牌企业赴台第二上市及发行台湾存托凭证，但该方案不包括在大陆注册登记、或大陆资本持股超过20%、或大陆资本有主要影响力的香港上市企业。2008年7月31日，台湾当局通过"海外企业来台上市松绑及适度开放陆资投资国内股市方案"，开放含

陆资任意比例的外资企业赴台第二上市，但因为涉及修改"两岸关系条例"，所以尚未确定具体实施时间。（朱磊：《台湾资本市场在逐步对陆资开放》，香港《经济导报》2009 年第 29 期，第 40 页）

2009 年 4 月 30 日，台湾当局通过了"大陆地区投资人赴台从事证券投资及期货交易管理办法"；在符合一定前提条件下允许大陆投资人赴台投资证券期货。上述方案、办法体现了台湾资本市场逐步对大陆资本开放的措施和态度，为陆企赴台发行台湾存托凭证创造了法律基础。

2009 年 11 月 16 日，两岸金融监理合作备忘录（Memorandum of Understanding, 简称" MOU"）签署；2010 年 6 月 29 日《海峡两岸经济合作框架协议》（Economic Cooperation Framework Agreement，简称"ECFA"）签署并于 8 月 17 日由台湾立法机构表决通过。这两份协议的签署从原则上、措施上促进了两岸今后加强经济金融合作的趋势，扩大了两岸三地金融市场互动的空间。

（二）陆企发行台湾存托凭证的现状

虽然近几年来两岸上层的互动表明了陆企全面进入台湾资本市场的美好前景，但陆企最终赴台上市仍有较长的路要走，此前，在台湾发行台湾存托凭证无疑是更加现实、更具操作性的选择。

目前，根据当前台湾"金管会证券期货局"的有关要求，大陆的红筹股公司可以发行台湾存托凭证，但该红筹股公司必须满足大陆资本在 30% 以下、并在核定的 16 个交易所上市。所以目前大陆 A 股公司尚不能发行台湾存托凭证，但在香港交易所、新加坡交易所或纽约交易所上市的大陆企业在满足条件下则可以发行存托凭证。

从已经发行了台湾存托凭证的香港上市企业看，有 12 家是具有台湾背景的企业，如中国旺旺、巨腾国际、康师傅等具有一定规模和行业影响力的台企相继回台湾二次上市。一些在新加坡和香港两地上市的企业也都对发行台湾存托凭证跃跃欲试。这些已经在台湾发行台湾存托凭证的企业都是港资或台资背景的企业。

大陆企业赴台上市已经破题。上海金茂凯德律师事务所有幸成为首批赴台上市的大陆企业首选的中国律师事务所，笔者有幸作为大陆律师的沪安电力控股有限公司先已于2010年8月9日提交发行台湾存托凭证申请，成为ECFA协议签署后首批申请发行台湾存托凭证的大陆企业。2011年该公司又申请在台湾资本市场再融资。该案例开启了大陆律师参与大陆企业赴台上市法律服务的先河，为大陆律师积极创新发展增添了又一成功范例。

三、大陆企业发行台湾存托凭证中的律师实务

首先，核查并出具大陆法律意见书。

在陆企发行台湾存托凭证的过程中，大陆律师需对大陆子公司进行核查并出具大陆法律意见书，法律意见书成为大陆律师参与大陆企业赴台上市法律服务的重要内容，法律意见书的内容来源于律师的核查。一般来说，大陆律师需要核查并出具法律意见的事项主要涉及以下五部分：

在进行具体探讨前，说明以下两点：其一，因为台湾地区主管机构要求核查的年度为申报上一完整年度和本年度至申报日为止，所以作者所述情况如无特别说明，均指该期间（核查期）；其二，因为目前可以发行台湾存托凭证的陆企都是红筹企业，所以下文所述公司均指海外上市公司的大陆子公司。

（一）公司基本面

公司基本面主要是指公司的基本情况、业务情况、资产状况、管理结构和财务情况。

1. 基本情况。一般包括大陆子公司是否依法设立、有效存续、历次变更是否合法有效等。

2. 业务情况。公司的业务情况方面，关注点一般集中在大陆子公司的总体概况、营业模式、业务发展前景和在核查期内的收购、兼并情况。大陆律师需对公司业务的存续情况和业务模式进行核查，即要关注公司业务是否存在让与或受让营业、是否存在委托经营、与他人联合经营的情况。如有，则需深入核查该等让与、受让、委托、联合行为是否有合法的合同、符合法定的形式；如果存在重要备忘录、策略联盟或其他业务合作计划等可能改变公司原有的业务经营或开拓新的业务领域的，则要对其现状和变更情况进行核查；核查收购兼并情况，需对其收购兼并是否履行内部决议及外部审批手续、支付对价的定价方式、是否对大陆子公司存在不利影响等进行核查。

3. 资产状况。这部分，律师的工作集中在对房地产、知识产权的核查上。房地产方面，如果是自有的房地产，必须具备合法的房地产权证已表明公司对房地产的所有权，并核查是否存在抵押；如果是租赁的房地产，则必须租赁有合法出租权的房地产、签订房地产租赁合同并最好进行登记备案。知识产权方面，则必须对公司的专利权、商标专用权、著作权及其他知识产权的权属状况进行核查，是否存在权利到期或被他人抢先登记的情形，是否存在允许他人使用的情形等，并对这些情况可能对公司造成的影响进行核查。

4. 管理结构。管理结构主要需列明公司目前的董事、监事、总经理、实质负责人和持股比例达 10% 以上的股东的情况，并核查公司董事长、总经理、法人董监事或代表三分之一以上董事在核查期内是否发生变动。由于按照中国现行法律，不存在法人董监事，所以不存在对其进行核查的问题，但如果自然人董监事更换过多、过于频繁，则明显不利于公司的管理结构。

5. 财务情况。律师对财务情况的核查比较简单，集中在对公司基本财务情况的核查。

（二）重大合同

重大合同是指对公司的运营和今后的发展构成重大影响的合同，大陆和台湾地区的法律均没有明确的规定，一般由律师进行判断，主要包括了银行贷款合同、金额在一定数额以上的业务合同、重要管理人员和技术人员的保密合同等。值得注意的是，由于对重大合同的理解存在个人的主观判断，所以一般应结合公司的资产总额、净资产情况进行综合分析，并与券商进行沟通。

另外还要对公司是否有重大非常规交易进行核查，所谓重大非常规交易，是指进货或销售的目的、价格、条件或处理程序，与一般正常交易明显不相当或明显欠合理。

（三）关联交易

按照中国有关法律规定和企业会计制度对关联交易的定义，包括了一方有能力直接或间接控制、共同控制另一方或对另一方施加重大影响、或两方或多方受同一方的控制，这些主体之间存在的买卖、接受或提供劳务、租赁、担保、赠与等的资源或权利义务的转移就是关联交易。具体到企业，即上市公司与子公司之间、子公司之间、子公司与外部第三方关系人之间、子公司与其高级管理人员之间的交易。

对于关联交易，律师一方面要做到信息披露，另一方面要核查关联交易之间是否存在交易必要性、决策过程是否合法、价格与款项的收付情形是否合理等。由于按照中国法律法规规定，母公司可以对母公司及其子公司之间的关联交易的程序作出规定，而母公司由于是境外上市公司，遵守境外上市地的法律规定，所以还需确定母公司上市地的法律是否对此类关联交易的程序有特别规定。

值得注意的是，由于母公司与大陆境内子公司之间的关联交易通常会由母公司的财务报表反映，而母公司发行地的财务会计制度可能在会计科目、文字表述、金额计算上与大陆有所不同，所以律师在核查披露过程中应当做好与会计师、券商的信息沟通和共享。

（四）劳工和环保

台湾地区对劳工权利和环境保护比较重视，所以对这方面的审查也比较严格。就劳工方面，需对公司的劳动合同范本和劳工的工作现场进行查验，对公司是否按期足额缴纳社会保险、住房公积金进行核查，以确认没有违反中国劳动法律制度，并要核查公司不存在劳资纠纷、员工罢工的情形；就环境保护方面，公司如有经营活动，需经有关主管机构的项目环保审批、取得相应资质（如排污许可证）并且证件在有效期内，并没有因为发生环保问题而受到行政处罚的情况。为了使出具的法律意见更具有公信力，一般应当要求上级政府主管部门出具证明公司没有违反相关劳动和社会保障、环境保护法律法规出具证明，而且一般证明以不早于公司申报台湾存托凭证当月的上一个月为宜。对于新设立不到一个月的子公司，也可以不要求上述政府证明。

（五）违法状况

律师应当对公司在核查期内是否存在重大违章欠税、租税行政救济（租税行政救济，即指公司因课税而与主管机关之间产生的争议或争讼，例如超额征缴、课税项目错误或金额错误、或应有优惠而未给予优惠等）、诉讼、非讼、行政处分、行政争讼、保全程序、强制执行事件、仲裁案件，对公司董事、监事、总经理、实质负责人、持股比例达 10% 以上股东及从属公司的诉讼、非讼和行政争讼事件进行核查并发表意见。如果存在上述状况，则应当结合争议金额、进展、预期发展等进行综合判断并发表独立意见。

其次，与台湾律师配合，海峡两岸律师共同为发行人出谋划策。

由于上市地在台湾，大陆企业除委任大陆律师提供赴台上市的法律服务外，还须聘请台湾当地专业律师机构。海峡两岸律师的关系是互相配合，谁也离不开谁，共同为发行人出谋划策，共同办理相关法律事务，合作才能共赢。如台湾存托凭证发行规模超过一亿单位以上的大陆企业，需要在台湾当地设立一家子公司，设立文件和设立手续可由两岸律师携手完成。

总之，大陆企业赴台上市的律师实务与其他资本市场融资上市业务既有共同点，又有所侧重和不同，有待在实践中不断深入总结。海峡两岸经济合作大幕已经拉开，大陆企业未来赴台上市的前景十分广阔，只要我们积极探索、大胆实践、勇于创新，相信大陆律师在共同推动两岸关系和平发展、共同分享两岸关系发展成果、共同成就中华民族的盛世伟业中必将大有可为，也必将大有作为。

刍议上交所国际板之法律适用

李志强

为在 2020 年基本实现建成上海国际金融中心的伟大目标，尽快在上海证券交易所推出国际板是当务之急。在国际资本市场，已有多个国家和地区的资本市场建立了国际板，有发展实力和潜力的企业通过实现在多个资本市场上市融资进一步提升了企业的国际知名度；引入外国企业在本国资本市场上市有利于丰富投资者的投资品种，提高本国资本市场在国际上的竞争力，是全方位对外开放的必然选择。

一、海外国际板之借鉴

（一）日本国际板

1973 年日本开始允许外国公司在本国证券市场融资上市。尤其是 1985 年以后，随着金融自由化及国际化的深入，东京股市高度繁荣，前来上市融资的外国公司迅速增加。

然而，日本泡沫经济破灭后，经济陷入长期萧条，日本投资者对外国公司股票兴趣大减，外国公司也感觉在东交所上市的价值不高，于是，外国公司开始快速从东交所撤离。尽管 20 世纪 90 年代后半期日本进一步实行金融体制改革，放宽管制，但无法挽救证券市场的颓势。至 2003 年底，东交所国际板只剩 32 家外国公司。2004

年 4 月，东京证券交易所宣布彻底改革外国公司在该交易所上市交易的制度，取消"外国部"，对外国上市公司与国内上市公司一视同仁，以促进更多外国公司在该交易所上市交易。然而，即便如此，仍不能阻止外国公司资源的流失。到 2009 年 6 月底，东京证券交易所总共有 2364 家上市公司，而外国企业仅有 15 家。

失败原因：泡沫破灭后的长期萧条使得需求不足；相对滞后半封闭的市场削弱其吸引力；严苛复杂的证券监管导致外企赴日筹资困难重重；上市及维持成本高企使得上市公司难堪重负。

（二）美国国际板

美国监管法规之多、之细，使得上市公司稍不留神，就有可能触犯其法律法规。这种发行制度的核心是"完全信息披露"，对证券发行人信息披露的透明度和要求非常高。依据相关法律，上市公司的信息披露"不能有遗漏，不能有错误，不能有虚假陈述"。一旦在信息披露方面有疏漏，上市公司就可能遭遇到投资者的起诉。

美国资本市场的监管不仅仅是美国证监会的监管，还有来自证券交易所、审计机构、司法机关、新闻媒体及个人投资者的监督，可谓"全民监管"，上市公司稍有不对劲的地方，谁都能站出来质疑上市公司。美国证监会的工作主要通过证交所，尤其是纽约证券交易所进行，证交所自身也扮演着自律机构的角色。美国证监会的权利很大，对事件有调查权，并可对违规者处以巨额罚款。

美国资本市场的监管，对内幕交易和短线交易的处罚也相当严厉。对内幕交易无须考虑内幕交易者是否有"利润所得"，而一概予以罚款处罚，自然人的可处罚金额被提高至 10 万至 100 万美元，法人则可被处以高达 250 万美元的罚款。

（三）英国国际板

英国伦敦证券交易所是世界最大的股票交易中心之一，规模庞大，历史悠久。伦敦证券市场主要由主板市场 (Main Market)、二板市场 (AIM) 组成。伦敦证券交易所的二板市场与主板市场有很大的不同。二板市场是为增长型小企业，尤其是那些新成立的、由风险资本支持的公司提供服务。

相比其他证券市场，英国的 AIM 市场有三大优势：第一，入市审批灵活，既无最小公司规模的限制，也没有三年公司运营纪录的要求，任何高增长的公司都可以申请；第二，对比美国纳斯达克等其他二板市场，AIM 市场具有低成本、上市时间短的优势，上市成本只占融资额的 12%–15%，通过保荐人审核后 3 至 6 个月就可以上市，而且不面临萨班斯 – 澳柯斯利法案之类的管理压力；第三，入市后管理比较灵活，除非 100% 兼并，不需要股东大会通过。

值得注意的是 AIM 市场保荐人是伦敦证券交易所最具有特色、也最成功的一个制度设计。保荐人需要协助拟上市公司办理加入 AIM 市场的一切程序，并对拟上市公司提供相关的建议，上市后还必须持续监管企业，伦敦证券交易所只备案不审批。这样的结果就是，AIM 上市的程序非常简明，上市时间也能很快确定，与美国严格监管下的长时间和高成本形成鲜明对比。上市审核后一般 3 至 4 个月即可完成，整体上市成本约占融资额的 7% 至 10%，远低于美国和香港。

（四）德国国际板

目前已经有来自 70 多个国家的企业在德国交易所上市，60% 以上的交易量来自德国境外。

德国对证券业监管的严厉程度可以说走在世界前列。在德国，券商等投资机构一旦被查出有操纵市场或内部交易行为，必将遭受巨额罚款乃至刑事处罚。

在德国，直接负责对证券市场进行监管的机构是 2002 年成立的联邦金融监管局。联邦金融监管局的工作渗透到了所有证券机构的日常业务中，该局设有一个电子报告系统，每天上报数百万个信息，所有交易所和场外市场的数据都要汇集到该系统中。为随时监控证券交易违规行为，该局还专门成立了市场分析部门，对所有上报数据进行分析。如发现有违规嫌疑，涉及数据将被直接交给分别负责监控内幕交易和市场操纵行为的部门进行调查。对于一般的违规行为，调查部门将依规定对其进行罚款；对需要进一步深入调查的，联邦金融监管局则会将其交由司法部门处理，情节严重的会受到刑事处罚。

值得注意的是，德国政府对海外投资者很警惕，严格限制大型机构投资者在德国资本市场上的行动。

（五）香港——早已成就了的中国股市国际板

1. 自由底线：国际化不能放弃本土操守

香港股市是一个高度市场化和高度国际化的市场。香港股市无论是发行、上市、交易以及监管等诸多制度都与国际接轨，但是，这并不意味港股要放弃自己的操守。一个最好的例证就是 1998 年的港股保卫战。

经此战役，香港政府可谓一夜成名。因为，面对国际炒家的狙击，香港政府放弃了一贯"不干预"的政策，积极入市给投机者造成了始料不及的沉重打击，维护港股市场，捍卫了广大投资者的利益——而这就是监管者的最大操守。

2. 从 A、H 股价格倒挂看投资者的"国际因素"

原先，A 股价格要大大超过 H 股，溢价水平一度超过 300%。在宏观环境趋好、人民币升值、股价联动和资金融合等几方面因素的作用下，香港股市和内地股市之间的"一体化"趋势日趋明显。然而，近年来港股 H 股与内地 A 股之间的倒挂现象愈演愈烈。A、H 股价格大面积倒挂现象尤其是金融板块的 A、H 股倒挂差价愈发拉大。

3. 国际化的另一个看点：深港股市谋求合作

有消息称，深圳正在积极向中央争取深化深港两地股市合作的事宜，包括准许试行深圳 B 股和香港 H 股在深交所与港交所相互挂牌交易，打通深港资本市场；允许深交所与港交所实行联机交易，使深圳成为内地个人直接投资境外证券市场的试点城市；加强深港两地资本市场在产品开发、技术支持等方面的合作，研究探索跨境交易、两地上市、联网交易的可行性等。

二、关于适用法律框架的问题

关于国际板适用的法律框架，我们认为应以《证券法》为基本法律框架，并在此基础上由国务院或国务院授权证券监督管理部门制定一系列国际板适用的规定。

《证券法》第二条规定，"在中华人民共和国境内，股票、公司债券和国务院依法认定的其他证券的发行和交易，适用本法；本法未规定的，适用《中华人民共和国公司法》和其他法律、行政法规的规定。"请注意，该条明确是在中华人民共和国境内，股票的发行交易适用本法，并未限定发行主体在中国境内。本法未规定的，适用《公司法》和其他法律、行政法规的规定。需强调的是，没有规定的情形，适用的规定不只是《公司法》，也包括行政法规。由此，我们认为应以《证券法》为基本法律框架，并在此基础上由国务院或国务院授权证券监督管理部门制定一系列国际板适用的规定。《证券法》第十三条规定了公司公开发行新股的条件，第十四条规定了报送的文件，均未要求是国内注册的公司，我们认为国际板公司的发行也可遵循此等要求：

第十三条　公司公开发行新股，应当符合下列条件：

（一）具备健全且运行良好的组织机构；

（二）具有持续盈利能力，财务状况良好；

（三）最近三年财务会计文件无虚假记载，无其他重大违法行为；

（四）经国务院批准的国务院证券监督管理机构规定的其他条件。

上市公司非公开发行新股，应当符合经国务院批准的国务院证券监督管理机构规定的条件，并报国务院证券监督管理机构核准。

第十四条　公司公开发行新股，应当向国务院证券监督管理机构报送募股申请和下列文件：

（一）公司营业执照；

（二）公司章程；

（三）股东大会决议；

（四）招股说明书；

（五）财务会计报告；

（六）代收股款银行的名称及地址；

（七）承销机构名称及有关的协议。

依照本法规定聘请保荐人的，还应当报送保荐人出具的发行保荐书。

在上述适用法律框架的基础上，关于发行主体的组织框架结构应适用注册地法律，如美国公司应建立独立董事制度，德国公司应建立监事会制度，不必强求遵循我国法律规定的既有独立董事又有监事会的"双层巴士制度"。

三、关于发行定价是否限定的问题

中国股市的高市盈率是吸引国外公司上市的重要原因之一。在财务条件方面，应对境外公司规定相当于福布斯 500 强水平的总市值和净利润条件，吸引世界知名企业来国际板上市。除了设定较高上市条件外，国际板公司定价还可以参照其在海外股市中的股票价格，以避免其利用 A 股高市盈率的圈钱风险。当然，设定此制度可能会降低对外国公司的吸引力。关键是限定价格最好有一个区间，区间范围的大小可以设定。

四、关于募集资金的问题

（一）是否设立专户

可以要求国际板公司建立人民币募集资金的专门账户，加强对募集投资项目配套资金的监管，杜绝其利用国际板融资构成对中国资本账户冲击的潜在风险，危及中国的金融安全。

（二）是否可自由汇出境外

国际板设立后，发行股份所募集资金，到底是留在境内，还是汇出境外，目前还没有定论。如果是前者，则不存在兑换的问题，也不涉及资金跨境流动的问题；如果是后者，有人提出可能存在与我国现行的外汇管理体制相悖之嫌。我们认为，即使是资金汇出境外，这与我国的外汇管理体制也不存在矛盾。我国现行的外汇管理制度是，"经常项目实现可兑换，资本项目下不可自由兑换"。国家外管局负责人也曾表示，"要在有效防范风险的前提下，有选择、分步骤地放宽对跨境资本交易活动的限制"。也就是说，我国是在资本项目下实行的有管理的兑换。开设国际板，能够在可控的前提下，实行跨境资本有节奏的流动。在这一方面，可以参考国家外汇管理局对 QDII 的管理模式。QDII 是指在一国境内设立、经该国有关部门批准从事境外证券市场的股票、债券等有价证券业务的证券投资基金。它是在一国货币没有实现可自由兑换、资本项目没有开放的条件下，有限度、有节奏地允许境内投资境外证券市场的过渡性制度。在国际板开设初期，境外企业登陆我国证券市场，应当同国内公司一样实行审批制，因此外汇管理局可以每年设定额度，监管机构根据这一额度来控制国际板的发行速度，即便境外企业募集的资金需要流出国内市场，也是在有控制、有节奏的情况下完成。这完全符合我国现行的外汇管理体制。

五、关于信息披露的问题

信息披露监管是防范或降低国际板风险的核心内容之一。在信息披露内容的有效性方面，要求其境内外披露信息的一致性，充分借助于境外上市地证券监管机构的监管成效，实现协同监管，确保广大中小投资者的知情权。同时，要求境内外信息披露保持有效性、同步性和一致性，充分披露汇率风险等国际板的特殊风险，以保护境内投资者。这样，通过提高对国际板上市公司在持续经营能力、公司治理水平、信息披露质量和盈利能力等信息披露的较高监管标准，可以有效控制投资者因为信息披露不完整可能产生的国际板投资风险。为了便于中国境内投资者及时全面了解国际板挂牌公司动态，它们必须在中国权威纸质媒体及相关网站同时发布"中文版"的相关信息，包括财务报告信息与非财务报告信息，其电子文本内容必须保持与纸质文本内容完全一致。同时是否要求在上交所的披露信息不得少于在其他交易所（针对多地上市情形）的披露信息也有待讨论。

六、关于是否允许存在多种交易规则的问题

我国原有的《证券法》采取单一的集中竞价交易制度，法律禁止在集中竞价交易规则外发展其他的交易制度，这与世界各国的证券市场规则均有不同。从理论上说，不同证券投资人的交易需求是根本不同的，法律不应当要求不同证券投资人在交易中去适应单一的僵硬的集中竞价交易规则，而应当适应证券投资人的不同交易需求发展集中竞价交易规则、大宗交易规则、控制权转让交易规则或其他更为适合的交易规则。实际上，世界各国的证券交易所多数采取多种交易制度，以提高自己的竞争力。

七、关于解决法律纠纷的方式问题

由于商事活动对于交易效率的极端重视，司法诉讼机制耗时长的特点往往不能满足市场经济条件下商事交易特别是金融证券纠纷对于快捷、高效与灵活的要求。而商事仲裁由于重视行业规则、交易习惯与商事判例的作用，加之效率高、成本低，目前已经在金融证券市场发达的国家得到普遍发展与推广。因此，建议上海金融监管部门在我国目前情况下大力推行证券金融仲裁制度，而国内许多地方性仲裁机构的成功发展经验无疑值得借鉴。

此外，为避免纠纷，将潜在矛盾消灭在萌芽阶段，大力规范金融服务业合同也具有事半功倍的重要作用。为实现这一目标，应由司法部门对各种金融服务业务进行专业化分类，委托起草标准合同，由商业行会甚至地方立法部门确认此类标准合同条款的意思推定效力。需要进一步说明的是，"意思推定效力"对于商法领域的交易活动具有极端重要的意义。众所周知，传统民法基于平等原则对意思表示的制度保障可谓面面俱到，不论是在民法总则抑或合同法甚至物权法中，效力待定、撤销、无效等具体制度均体现了民事活动保护当事人意思表示真实的基本价值取向。但是我们必须看到，尽管在民商合一的体制下，民法与商法的基本理念是一脉相承的，但这不意味着可以忽略商法的特殊性，更不意味着传统民法关于意思表示的一系列规则可以无缝地适用于商事领域。恰恰相反，由于商事领域特别是金融证券领域对交易当事人的行为能力要求标准高于传统民事领域，同时由于市场交易效率的基础性要求，当事人的意思表示往往采取客观推定的方式以确定其效力，而标准合同条款的意思推定效力正是上述理论的实践表现。

八、如何实现对违规公司的处罚问题

来国际板上市的外国公司可能人员、资产和业务都不在国内，就像目前部分国内企业在外国上市的情形那样。如果部分违规公司受到处罚但其又拒绝执行处罚决定，如何应对？或者当有投资者起诉外国公司，并且胜诉，但如果被告或被申请人不依法自动履行生效判决或裁决，如何应对？我们建议除了在国际板上市规则中设置相应的公司退市规定外，可以通过建立专门的国际板投资者保护基金的方式来解决这个问题。

总之，借鉴国际通行做法和规则，结合中国资本市场的 20 年实践经验，通过集思广益和民主决策，我们有理由相信一个符合中国法制和适应中国国情的国际板市场必将在多层次资本市场体系中绽放夺目的光彩。

钟
颖

　　现执业于上海钟颖律师事务所。曾获上海律师参
与调解化解社会矛盾先进个人、第四届上海市优秀女律
师、杨浦区三八红旗手等称号。上海市律师协会港澳台
业务研究委员会委员。擅长业务：刑事辩护，公司非诉
业务（公司设立、变更、注销，股权收购、置换、债转
股，上市前尽职调查、出具法律意见），民事经济纠纷
诉讼等。

从沪港两地相似案例谈设立夫妻分居期间子女探望权之必要

钟　颖

　　探望权，又称见面交往权，是指夫妻离婚后不直接抚养子女的一方享有的探望未成年子女并与之联系、会面、交往、短期共同生活的权利。《中华人民共和国婚姻法》第三十八条对此作出了明确规定：离婚后，不直接抚养子女的父或母，有探望子女的权利，另一方有协助的义务。行使探望权利的方式、时间由当事人协议，协议不成时，由人民法院判决。父或母探望子女，不利于子女身心健康的，由人民法院依法中止探望的权利；中止的事由消失后，应当恢复探望的权利。

　　探望权来源于英美法系，在国外和我国香港地区通称为"探视权"，它是基于父母子女身份关系形成的一种派生权利。夫妻离婚后，基于婚姻关系的身份权、财产权归于消灭，但离婚并不消灭父母和子女间的身份关系。而父母子女之间的身份关系，不仅是父母对子女有抚养、教育义务的基础，也是非直接抚养方对子女享有探望权的法律基础。只要父母子女之间的身份关系存在，探望权就应当是非直接抚养子女一方的权利，非法定理由不能予以限制或剥夺。探望权是离婚后父亲或母亲对子女的一项法定权利，将探望权作为一项权利在法律上加以规定，是因为它不仅是亲属法上的权利，更是一种基本人权。离婚后不与子女共同生活的一方，通过探望子女、与子女交流及子女短暂生活等多种形式行使探望权，从而达到继续教育子女的目的，对子女价值观的形成起到积极作用。

一般认为，探望权产生的时间是在离婚后。因为离婚前，夫妻间存在着合法有效的婚姻关系，与孩子生活在同一空间，共同教育孩子，自然不存在探望权问题。夫妻离婚后，作为父亲或母亲的一方不能与孩子共同生活，产生了行使探望权的必要。然而，现实生活中不少夫妻之间虽然感情破裂，但囿于种种原因并未离婚，表面保持着合法的婚姻关系，事实却处于分居状态，夫妻之间形同路人，在探望子女的问题上，常常会产生矛盾，甚至为此大打出手。而针对夫妻分居期间如何行使探望权的问题，我国大陆地区和香港地区的法律均没有作出明确规定，不能不说是一个缺憾。

笔者曾经办过两个案例，介绍如下：

案例一：香港人林女士与陆先生婚后多年才育有一子，为照顾幼子，林女士辞去工作做了全职太太。孩子两岁多时，陆先生有了外遇，并向林女士提出了离婚，因孩子抚养问题未能达成一致，双方在法院先办理了分居手续。分居期间，陆先生经医学检查得知自己的生育概率极低，为了延续香火，他收买了林女士家里的菲佣，在林女士的睡衣中放进了毒品，并向警方报案。当晚，林女士被警方带走接受调查，陆先生马上向法院提出申请，说林女士有吸毒恶习，不适合抚养子女。于是，法院裁定孩子暂时由陆先生照顾。抱回孩子后，陆先生立刻向自己任职的公司申请到上海工作，得到批准后，带着儿子到了上海。

香港警方经过半个多月的仔细调查，证明了林女士是无辜的。

然而，当林女士满怀喜悦的准备抱回自己的孩子时，才发现陆先生已经把孩子带走了。在律师的帮助下她终于查到了陆先生的行踪。于是，林女士的律师向香港法院申请了禁制令：即，不允许陆先生将孩子带离香港，法院并将该禁制令交付了林女士的律师。为配合香港律师向陆先生出示禁制令，在香港律师到达上海后，笔者陪同香港律师约见了陆先生，并在他面前出示了该禁制令。碍于法律的威严，陆先生不得已带着孩子回香港，并将孩子交还林女士。后来，双方离婚时，法院考虑陆先生设计陷害林女士并擅自将孩子带离香港的情节，遂将孩子的抚养权判给了林女士。

案例二：黄女士和张先生在网上相识后闪婚，因双方了解甚少，婚后吵闹不断。在双方准备离婚时，黄女士怀孕了，就在黄女士住院待产时，发现张先生将其他女子带回家中过夜，但因为正在待产期，黄女士只得忍气吞声。在孩子三个月大时，黄女士终于忍无可忍，向法院起诉要求与张先生离婚，因张先生不同意，法院判决不予离婚。半年后，黄女士又向法院提出离婚，法院考虑到孩子尚不满两周岁，且张先生执意不离，法院又再次判决不予离婚。等孩子满两岁后，黄女士又向法院提出离婚的诉请，张先生眼看婚姻无法挽回，纠集了几个大汉，趁黄女士上班之际，赶到岳父母家，打伤两位老人，将孩子抢走。然而，法院对张先生的行为却无法制裁，公安部门也认为这是家庭成员之间的矛盾，不能过多干预。经笔者和法官沟通后得知法官认为孩子已经被张先生隐藏，即便将孩子抚养权判给黄女士，也不能让孩子回到身边。思子心切的黄女士找人跟踪张先生，终于查到了儿子的落脚点。某天黄昏时分，趁着儿子与婆婆在楼下草坪上玩耍时，黄女士抢回了儿子。最终法院也将孩子抚养权判给了黄女士。

以上两个案例，一个发生在香港，一个发生在上海，两地关于探望权的法律规定差别并不大，但都因为在夫妻分居期间无法行使探望权的情况下，香港的林女士通过法律手段取得孩子的抚养权，上海的黄女士用非正常手段才获得了孩子的抚养权，不由得让人深思。

在现实生活中，类似的情况不在少数。因此，关于子女探望权，我国现行婚姻相关法律可以考虑增加如下内容：

一、增设夫妻分居期间有关子女探望权的内容

1. 夫妻分居期间，不直接抚养子女的一方，有探望子女的权利，另一方有协助的义务。

2. 考虑到夫妻双方处于分居状态，如一方频繁探望子女，而另一方又不得不协助的话，一方面可能会影响孩子的生活和学习，另一方面也增大了另一方的协助义务。因此，探望子女的频率应加以法律上的规制，以每周不超过一次为宜，直接抚养子女的父或母同意增加探望次数的，法律可不予禁止。

3. 如直接抚养子女的一方拒绝不直接抚养子女的一方探望孩子，而双方抚养子女的条件又基本相同的，在离婚诉讼中，法官可以将上述拒绝行为作为不利于一方抚养孩子的情节，将孩子抚养权判归分居时不直接抚养孩子的父或母。

4. 关于探望方式，夫妻双方可以协商。夫妻分居期间毕竟不同于离婚后，因为离婚后孩子抚养权的归属已经确定，此时不直接抚养孩子的父或母要求带孩子与自己居住若干天的话，另一方往往会允许，因为自己已然获得孩子抚养权，另一方在探望结束后一般会将孩子自动送回。但是分居期间，一方带走孩子可能就不会再主动送回，因此，如分居期间一方要求以带走孩子与自己同住若干天的

方式进行探望的，另一方往往不允许，因为这样可能会增加对方夺走孩子的风险。建议是否可以考虑作如下类似规定：夫妻分居后，对孩子暂时归谁直接抚养，双方可协商，关于探望方式，夫妻双方可以协商。但在一方已实际直接抚养孩子的情况下，除非直接抚养孩子的父或母同意，另一方不宜以带孩子离开现在经常居住场所的方式进行探望，如不直接抚养孩子的父或母因强制带离孩子而与直接抚养孩子的父或母发生冲突，而双方抚养子女的条件又基本相同的，法官可将不直接抚养孩子的父或母的上述行为作为不利于该方抚养孩子的情节考虑，将孩子抚养权判归目前直接抚养孩子的父或母。

二、增设夫妻分居期间子女探望权的法律规定的必要性

增设夫妻分居期间子女探望权的法律，除了有利于保护未成年人的身心健康和父母的利益外，还能减少夫妻分居及离婚纠纷期间因争夺孩子抚养权而发生的激烈冲突，减少社会矛盾，减少由于争夺孩子而给未成年子女增加心理负担的情况。

1. 最大限度保护未成年人的身心健康。一直以来，保护未成年人的利益尤其是他们的身心健康是诸多法律的重要内容，在夫妻分居阶段，由于面临父母离婚、家庭解体，未成年人的心理已经面临了很大的负面影响。如果父母在此期间再因争夺孩子冲突不断，将使孩子面临更大的心理创伤。在父或母一方控制孩子、禁止孩子见另一方时，孩子往往非常想念不在身边的父或母，这对孩子的心灵实在是莫大的煎熬。因此，法律应当使处在父母分居及离婚期间的孩子心理上尽量少受负面影响，减轻因离异带给孩子的精神创伤。如果法律对夫妻分居的探望权能作出明确的法律规定，同时规定违反该法律要承担的严重后果，可能会减少父母间因孩子抚养权发生

的直接争执，使孩子尽量平稳地度过这一特殊时期。

2. 保护不直接抚养子女一方父或母的利益。由于夫妻分居及离婚纠纷的时间可能很长，有的要持续 2 到 3 年甚至更长，所以如果不直接抚养子女的父或母在如此漫长的时间难以探望孩子的话，这对他们来说不仅痛苦，也不公平。我国婚姻法规定，父母有保护和教育未成年子女的权利和义务。因此，即使法律没有明确规定分居期间的子女探望权，探望孩子也是父母的权利。但由于法律未明确规定直接抚养孩子的父或母拒绝另一方探望的法律后果，导致现实生活中不直接抚养子女的父或母只能忍气吞声，甚至在夫妻感情并未彻底破裂的情况下，为了能尽早见到孩子，干脆提起离婚诉讼，主要原因在于及早离婚后自己的探望权可以受法律保护。所以，规定夫妻分居期间的父母享有对子女的探望权，有利于保护分居期间不直接抚养子女一方父或母的合法权益，是法制文明进步的表现。

3. 化解社会矛盾，使离婚过程相对和平。离婚纠纷中，不乏男女双方因为孩子抚养问题达不成一致而矛盾十分激化的情况。各自的家人往往也会参与到夺子大战中。媒体经常有此类报道：一方纠集家人亲戚去抢孩子，与另一方发生激烈冲突，引来群众围观，警方不得不出面处理……。社会影响非常不好，孩子往往也会受到惊吓。警方即使将这次纠纷处理完毕，双方的矛盾也不会就此化解，不直接抚养孩子的一方还是会寻找机会想把孩子抢回来，另一方也会加强力量，防止对方再次抢夺孩子，有些人干脆就把孩子藏起来，让对方找不到。如果法律能够规定夫妻分居期间一方可以探望孩子，且拒绝探望的一方可能会因此失去孩子的抚养权，而探望孩子的一方如用强制手段抢夺孩子也可能因此失去孩子的抚养权。这样，法律的威慑力会使双方此期间的冲突减少，使离婚的过程相对和平一些，减少社会矛盾。

当然，如果期待法律作一些修改就可以完全解决实际生活中的问题，是不现实的。即使法律作了上述增设与完善，还是会有人隐匿孩子，并且拒绝对方探望孩子。且新的法律规定可能还会带来新的现实问题，但法律将夫妻分居期间的探望权问题明确下来，总体上是有益的，不仅有利于改善夫妻分居及离婚期间的关系，也体现了法律关注父母一方的基本权利，更体现了法律对未成年子女的保护。

提到分居期间子女探望权的问题，就不得不提到分居制度。分居制度是亲属法领域一项重要的法律制度。有人认为，分居期间子女探望权的法律空白与我国婚姻立法中没有设立分居制度有关。由于我国目前的离婚率较高，事实分居普遍存在。我们是否可以考虑逐步立法，先行对分居期间的子女探望权问题作出规定，其他有关分居的法律规定可以逐步完善。由于事实分居现象的大量存在，为保护未成年人的合法权益，先行单独规定夫妻分居期间的子女探望权十分有现实意义。

顾跃进

　　现执业于上海顾跃进律师事务所。上海华东政法大学兼职教授，上海市律师协会港澳台业务研究委员会委员。从法官到律师，二十多年的司法和律师执业过程中，承办过数以千计的案件，并先后应邀担任数十家公司和机构的常年法律顾问。业务专长为法律风险控制、制度规则设计、社会管理法律咨询。

香港借贷行为的法律思考

顾跃进

  关于借贷，香港和大陆两地的法律有很大的区别，其核心和原由在于法律意识的差别。

  法律意识是人们对于法和各项法律现象的认知水平、观点、和心理态度的总和。法律意识是一种文化，也是一种文明，更是法律的基础和源头。它对法的研究、制定、实施和遵守是极其重要的。由于文化、文明程度及法制环境的不同，香港和大陆的法律差异自然形成。

  一、香港法律对贷款人（放债人）主体作宽泛性的规范。

  香港法律不仅规定了具有经营贷款业务合法贷款人的权利义务，也规定了其他没有经营贷款业务资格的主体之权利义务。香港法律几乎穷尽了所有从事借贷行为的主体，还赋予了银行、金融企业之外的法人、机构、自然人可以从事贷款业，香港法律同时还规定了豁免之主体。这使法律的适用性更广泛，使用价值更高。同时借贷关系人、法庭更容易遵守和判别。充分体现了立法效率和水平。

  香港规范借贷行为的法律是《放债人条例》。相关法条如下：

  第二条第（1）项规定："放债人"指任何经营放债业务或登广告声明或宣称或以任何方式表明系从事该等业务之人士（否认其是

否兼营其他业务亦然），但不包括第一附表第一部所指之人士。

第一附表：第一部　豁免管制之人士

……

大陆关于贷款人（放债人）的主体，法律规定没有这么宽泛，其适用性较窄。

二、香港法律对经营借贷业务的公司实行严格的监管，同时对政府机关及其公务员的要求非常明确。

《放债人条例》第八条第（4）：注册处处长须依照规定方法，就根据本条提出之每项申请发出公告，俾众周知。

第九条（1）：如属根据第八条提出之申请，申请人须在同一时间将申请书副本乙份寄交警务处处长，而警务处处长得着人对该项申请进行调查，俾能决定就第十一条之规定而言是否有反对该项申请之理由。

（2）为执行本条之规定而进行调查时，警务处处长得以书面要求申请人出示帐簿、记录或文件以供审阅，或提供其所指明与该项申请或申请人所经营或拟经营业务有关之资料。

……

（4）注册处处长或警务处处长如欲根据第十一条之规定反对任何领牌之申请，均须于有关日期后七天内通知申请人彼拟反对其申请并提出反对理由；如该通知系由警务处处长发出，则须将副本乙份寄交注册处处长。

（5）如属根据第八条提出之申请，注册处处长在有关日期后七天期届满时，须将该项申请向通常在申请人用作或拟用作经营放债业务之主要营业地点或就近地区开庭审讯案件之裁判司办事处提出，提出时并须连同任何根据第（4）款送达申请人之通知书副本乙份。

（6）注册处处长须就任何根据第（5）款将提出申请一事向警务处处长作出通知。

……

这些规定不仅使经营贷款主体的业务质量得到保障，其合法的经营权也得到保障。同时，政府部门的监管也在法律的轨道上运行，在阳光下操作。由于还引入第三方即警务部门的监管，使借贷行为得到更有效的监管。从而从制度上保证执法的公正。

三、香港法律规定个人（自然人）可以申领经营贷款业务牌照，并确定经营权可以在自然人之间有限度地转让。

四、《放债人条例》第十五条：（1）除本条另有规定外，每一牌照均不得转让。（2）如领有牌照之放债人去世，其遗下之配偶或年龄满二十一岁或以上之某一家庭成员，或代表遗属之任何人士，均可向发牌之牌照法庭申请加签其名字于牌照上。

这个规定不仅为民间资本提供了投资渠道，而且显示出充分的人性。这也为大陆开发民间借贷提供了样板。

五、香港法律对经营贷款行为采用法定的社会监督机制。

《放债人条例》第十六条：任何人士如对牌照法庭根据第十一、第十三、第十四或第十五条所作之决定感到不满，可向最高法院原讼法庭提出上诉，而最高法院原讼法庭之决定乃为最终决定。

这条规定从法律和法律程序上确立了社会监督功能，使借贷行为更趋规范。而大陆在这个环节上是最缺乏的。

六、香港法律对借款合约的形式要件和程序要求非常严格，并对借款人的权利从法律程序上给予充分保障。

《放债人条例》第十八条：（1）所有向放债人偿还贷款或缴付贷款利息之借约，以及由于任何此等借约或贷款而给予放债人之抵押，除非符合下开情况，否则不得予以执行：

（a）于借约订立后七日内，根据第（2）款之规定造具有关借约之借据或备忘录，并由借款人亲自签署，且在签署时，放债人将借据或备忘录副本乙份交予借款人；及

（b）该副本必须包括或夹附一份有关本部及第四部内容之摘要，摘要须以规定形式作出，倘经证实，借款人于取得贷款前或给予抵押前并无在借据或备忘录上签署，则不论借约或抵押均不得予以执行。

第十九条：(1) 任何有关偿还放债人贷款之借约，不论在本条例实施之前或之后订立，在借约有效期间内，如借款人用书面提出要求并交付十元费用后，放债人必须向借款人或借款人在书面要求上所指定之任何人士，提供一份由放债人或其代理人签署之陈述书列明：

（a）贷款日期、贷款本金总额及贷款之年息百分率；

（b）放债人已收之还款数额及还款日期；

（c）到期未还之每一款额与应还款之日期，及其应付而未付之利息；及

（d）尚未到期清还之每期欠款及其还款日期。

（2）放债人必须在借款人用书面提出要求时向借款人提供有关贷款或其任何抵押之任何文件之副本乙份；或如借款人认为有需要，则于其交付十元予放债人后，放债人即须将有关文件副本提供予借款人之书面要求内所指定之人士。

……

七、香港法律对无牌照经营借贷业务采取绝对禁止原则。

《放债人条例》第二十三条：放债人不得在任何法庭追讨由其贷出之任何金钱或与该等贷款有关之任何利息，或执行任何借约之规定，或行使其对任何贷款抵押之所有权利，除非其能出示其牌照

而令法庭满意，或向法庭证实在贷款之日或订立借约之日或取得抵押之日（何者视乎情形而定）彼系持有牌照者。

这条规定既否定了无照借贷的利息收益，同时还否定了本金返还的权利。这是与大陆法律有着根本性差别的法规。

八、香港法律对过高利息采取严格的不予执行之措施。

《放债人条例》第二十四条：（1）任何人士（不论放债人与否）贷款或提供贷款，其实际利率如超过年息六分，即属违法。

（2）如实际利率超过第（1）款所规定之利率者，则有关偿还贷款或支付贷款利息之借约，与任何就该借约或贷款而给予之抵押，均不得予以执行。

……

上述内容充分证明了香港法律与大陆法律的巨大差别。我认为，这些差别非常客观而自然地显示出香港法律在借贷领域的规定比大陆的法律更具体、更合理、更有效、更人性、更有执行力，体现出很高的立法水平和法律意识。这种法律意识的形成与香港当地民众的法律文化、法制文明以及法治的历史背景有密切关系。而这些要素正是大陆所缺乏的。因此，我们既要学习香港的法律意识、立法思想、司法责任、守法自觉性等，作为立法和司法机关还要有高度的责任心和迫切性，而广大民众要保持足够的耐心。大家共同、自觉地努力，大陆的法治环境会朝着理想的方向前行。

随着改革开放和经济发展，香港和大陆经济往来日益频繁，其中直接或间接涉及借贷的事务也普遍发生，其中还伴随着很多借贷纠纷。基于对上述有关法律问题的认识和实务中的经验，就该类问题的思考付诸交流，期待对该类事务的处理有所启发和帮助。

一、重视"法律冲突"，选择有利于自己的法律适用。

通过如上分析，我们已经非常清楚，香港法律和大陆法律是有诸多不同的。当遇到涉及两地法律适用的借贷事务时，就必须首先考虑"法律冲突"问题。通过对"法律冲突"的分析，寻找或选择有利于本方的法律适用。

二、诉讼管辖的选择。

当发生法律纷争的时候，选择哪个法院审判案件是一件极其重要的事情。其中至少有两个问题需要考虑：哪个法院更容易适用有利于本方的法律？哪个法院诉讼成本更低？

当然，首要的是选择有利于本方的法律适用，这是关乎本方的诉讼目标是否可以实现的核心问题。同时我们也必须兼顾诉讼成本。毕竟，诉讼的主要内容一般讲都是为了经济利益。

三、认识香港和大陆借贷法律的主要差异，指导借贷行为的建立、借贷纠纷的处理。

涉及香港和大陆的借贷行为或借贷纠纷，我们必须了解和认识涉及两地的法律，这样才有助于我们准确的把握借贷行为的有效性，提高我们在借贷纠纷中的胜诉机会。

（一）贷款人（放债人）主体差异的实际应用。

香港法律规定凡经注册领取放贷牌照的都可以成为贷款人（放债人）。而大陆法律只容许银行和金融企业成为贷款人（放债人），个人不能申领提供贷款的经营牌照。不过这种法律上的差异并不影响在大陆个人实际上从事提供贷款行为，并获得合适的利息，甚至高于银行和金融企业的利润。最高人民法院《关于人民法院审理借贷案件的若干意见》的有关规定："民间借贷的利率可以适当高于银行的利率，但最高不得超过银行同类贷款利率的四倍。"在大陆不仅自然人之间的借贷受法律的保护，自然人与企业之间的借贷也受法律保护。作为合法的债权债务关系，同时可以被设定担保而提升债权的保护力度。

对这个差异的认识，有助于我们分清香港和大陆两地各类借贷关系的法律要求和法律风险，对借贷行为的实施和处理以及融资方案的确定都具有现实的指导意义。

（二）借贷合同的形式要件上的差异。

香港法律对借款合约的形式要件和程序要求非常严格，并对借款人的权利从法律程序上给予充分保障。其形式要件的不合规可以直接导致提供贷款人的败诉。而大陆法律更多的是"重实体"、"轻形式和程序"。对这个差异的认识，有助于我们选择借款行为的履行地，以及对相关法律文件的把握程度。从而提高借贷行为的法律有效性，并避免和降低风险。

（三）对无照经营处理上的差异。

香港法律对无牌照经营借贷业务采取绝对禁止原则。不仅禁止利息收入，同时不支持本金主张。在执行程序上采取拒绝的态度。而大陆尽管在法律上禁止无照借贷，但在诉讼实践中对本金的诉求一概支持，并付诸强制执行。

一个国家或地区的法律是与其所经历社会、经济的历史，特别是与它的法制史密不可分，同时与当地民众的文化内涵、文明程度、法律意识息息相关，当然与统治者的观念、意思也紧紧相连。但可以肯定，法制是文明的产物和标志，是社会趋于理性的必备工具和渠道，是社会稳定和发展的保障。我们必须提升法制意识、完善法律制度、强化法律功能。而所有这一切，香港地区都是值得大陆学习和借鉴的。

王桂平

　　上海杰博律师事务所主任，上海市律师协会港澳台业务研究委员会委员、信息网络与高新技术业务研究委员会委员。业务专长为公司并购与治理、电子商务、两岸投资、金融衍生品风险控制等。

两岸上市公司治理之异同

王桂平

英国牛津大学柯林·梅耶曾把公司治理定义为："公司赖以代表和服务于它的投资者利益的一种组织安排。公司治理包括从公司董事会到执行人员激励计划的一切东西，公司治理的需求随市场经济中现代股份公司所有权与控制权相分离而产生。"随着经济的发展与公司结构形式逐步趋向成熟，资本市场为公司的经济运作提供了沃土，股票一级市场与二级市场的稳定发展促使越来越多公司以上市的途径募集资金扩展自身规模。但随之而来的问题是如何对持股比例较低的小股东保护、对利益相关者诸如债权人、消费者、职工等人群的保护，以及公司内部机构对此目的之作用。

一、股东权利之保护

良好的公司治理应该使股东的权利受到保护。股东有权利出席股东大会并投票，及时获得公司有关信息，选举董事会成员，分享公司利润，转让公司股份等等。《中华人民共和国公司法》（下称中国大陆公司法）规定"公司股东依法享有资产收益、参与重大决策和选择管理者等权利。有限责任公司股东会由全体股东组成。股东会是公司的权力机构，依照本法行使职权。"对于最重要的股东投票权利的保护，则在第一百零六条规定："股东大会选举董事、监事，可以依照公司章程的规定或者股东大会的决议，实行累积投票制。"所谓累积投票制，是指股东大会选举董事或者监事时，每一股份拥有与应选董事或者监事人数相同的表决权，股东拥有的表决权可以集中使用。中国大陆的《上市公司治理准则》第三十一条将这一投票制度进一步细化，规定："在董事的选举过程中，应充分反映中小股东的意见。股东大会在董事选举中应积极推行累积投票制度。控股股东控股比例在 30% 以上的上市公司，应当采用累积投票制。采用累积投票制度的上市公司应在公司章程里规定该制度的实施细则。"

与之不同的是，中国台湾地区的《上市上柜公司治理实务守则》第二十一条规定："上市上柜公司应制定公平、公正、公开之董事选任程序，除章程另有规定外，应采用累积投票制度以充分反应股东意见。"第四十一条规定："上市上柜公司应制定公平、公正、公开之监察人选任程序，除章程另有规定外，应采用累积投票制度以充分反应股东意见。"

中国大陆立法将控股股东控股比例达到 30% 的，强行要求采取累积投票制，决策的内容包含性比较广；而台湾地区则没有强行的要求，并且允许公司章程作出不同的约定，决策的内容也仅限于公司董事与监察人的人选。可以说大陆立法更强化了对股东投票权以及映射出的其他经济权益的保护，而台湾地区或许尊重了公司自治的特性。

二、对控股股东的约束

控股股东在欧洲与东亚地区十分盛行，"此种结构因控制股东谋取私利而衍生代理成本……此种结构之所以长期存续，其实与法律保障小股东不周有关"。（王文宇：《控股股东与公司治理—我国台湾地区法制的分析》，载《公司治理专论》，北京大学出版社

54

2009 年版，第 186 页。）

　　在外国与台湾地区，大多数企业是中小企业，其比重占到全部公司的 90% 以上。在中小企业中，董事会成员通常都有一定的家族关系，也就是说，"董事会中没有家族成员或者合伙人之外的外部股东，公司的重大决策实际上是由家族董事会作出的。"（陈彦良：《公司治理变迁——我国台湾地区学者的研究视角》，朴文丹译，载《公司治理专论》，北京大学出版社 2009 年版，第 115 页。）但是在上市公司中这种操作就十分危险，可能危及的就不只是股份公司中有限的股东，而是持股比例不高的许许多多小股东的利益以及公司的利益。

　　中国台湾地区《上市上柜公司治理实务守则》第十九条规定："控股股东对上市公司及其他股东负有诚信义务。控股股东对其所控股的上市公司应严格依法行使出资人的权利，控股股东不得利用资产重组等方式损害上市公司和其他股东的合法权益，不得利用其特殊地位谋取额外的利益。"对于控股股东的权限，也在第二十条作出限制："控股股东不得对股东大会人事选举决议和董事会人事聘任决议履行任何批准手续；不得越过股东大会、董事会任免上市公司的高级管理人员。"第二十一条规定："上市公司的重大决策应由股东大会和董事会依法作出。控股股东不得直接或间接干预公司的决策及依法开展的生产经营活动，损害公司及其他股东的权益。"控股股东最重要的还是要与上市公司的资产间保持独立完整、权属清晰。在公司管理层面，第二十六条也作出相应的规定："控股股东及其职能部门与上市公司及其职能部门之间没有上下级关系。控股股东及其下属机构不得向上市公司及其下属机构下达任何有关上市公司经营的计划和指令，也不得以其他任何形式影响其经营管理的独立性。"

中国大陆的《上市公司治理准则》规定，控股股东对上市公司及其他股东负有诚信义务，控股股东不得对股东大会人事选举决议和董事会人事聘任决议履行任何批准手续；不得越过股东大会、董事会任免上市公司的高级管理人员；控股股东不得直接或间接干预公司的决策及依法开展的生产经营活动，损害公司及其他规定的权益。中国大陆公司法第一百五十二条规定："董事、高级管理人员有本法第一百五十条规定的情形的，有限责任公司的股东、股份有限公司连续一百八十日以上单独或者合计持有公司百分之一以上股份的股东，可以书面请求监事会或者不设监事会的有限责任公司的监事向人民法院提起诉讼；监事有本法第一百五十条规定的情形的，前述股东可以书面请求董事会或者不设董事会的有限责任公司的执行董事向人民法院提起诉讼。"

三、信息披露和透明

信息披露是法律对上市公司的强行性规定。中国大陆公司法所规定的披露主要是公司财务状况、经营情况及重大诉讼。中国大陆《上市公司治理准则》规定的信息披露内容更加具体：上市公司应按照法律、法规及其他有关规定，披露公司治理的有关信息，包括但不限于：(1) 董事会、监事会的人员及构成；(2) 董事会、监事会的工作及评价；(3) 独立董事工作情况及评价，包括独立董事出席董事会的情况、发表独立意见的情况及对关联交易、董事及高级管理人员的任免等事项的意见；(4) 各专门委员会的组成及工作情况；(5) 公司治理的实际状况，及与本准则存在的差异及其原因；(6) 改进公司治理的具体计划和措施。

当上市公司控股股东增持、减持或质押公司股份，或上市公司控制权发生转移时，上市公司及其控股股东也应及时、准确地向全体股东披露有关信息。

台湾地区《上市上柜公司治理实务守则》第五十九条规定，上市上柜公司应依相关法令及证券交易所或柜台买卖中心规定，揭露下列年度内公司治理之相关信息：公司治理之架构及规则、公司股权结构及股东权益、董事会之结构及独立性、董事会及经理人之职责、审计委员会或监察人之组成、职责及独立性、董事、监察人之进修情形、利害关系人之权利及关系、对于法令规范信息公开事项之详细办理情形、公司治理之运作情形和公司本身订定之公司治理守则及本守则之差距与原因、其他公司治理之相关信息。

为提升公司治理信息透明度，台湾推行发言人制度，对可能影响股东及厉害关系人决策的信息，应当保证充分披露。

大陆的法律多对公司客观性治理内容进行披露，以达到让利益相关群体知晓的目的；台湾地区的信息披露要求不仅局限于此，更加有董事会独立性、董事会及经理人之职责、审计委员会或监察人之职责及独立性，这些信息的披露，能够更加引起利益相关群对于公司治理过程的监督，加强对管理人员的限制，防止侵害股东权益之事发生。

四、董事与独立董事制度

国美控制权之争在中国大陆公司法意义上具有一定的典型性，是关涉大股东与董事会的权利划分、公司章程与法律规定的关系等问题的一个经典案例，它引发了社会的广泛讨论以及对商业伦理的思考。在国美事件中，矛盾焦点之一集中在董事会权力过大、有侵犯股东权益之虞。而董事会的权力正是大股东在章程中拟定授予的。章程赋予了国美董事会极大的自由权力，打破了所有者与管理者之间的分权制衡。那究竟应当如何认识公司法与公司章程的关系？

独立董事制度是法律对上市公司的强制性要求。中国大陆地区的法律要求，独立董事不仅要独立于受聘的公司及其主要股东，而且也不得在上市公司担任除独立董事外的其他任何职务。国美案例中，独立非执行董事之一 Thomas Joseph Manning 事实上是由贝恩资本指定的，试问一个由投资者指定的独立董事还能独立吗？对于上市公司独立董事如何选任这样一个关键的问题，中国大陆公司法并没有明确的规定。中国大陆《上市公司治理准则》规定，独立董事的任职条件、选举更换程序、职责等，应符合有关规定。

台湾地区《上市上柜公司治理实务守则》中对独立董事的规定则要明确很多。首先，有明确的人数要求，上市上柜公司需设置两名以上独立董事，并不宜少于董事席次五分之一。其次，独立董事要保持独立性，不得与公司有直接或间接之利害关系。再次，对最重要的独立董事选任，要求应依据台湾公司法第一百九十二条之一规定采取候选人提名制度，载于公司章程，股东就候选名单选任之。

五、总结

在股东利益保护、控股股东限制、信息披露与董事制度上，两岸的法律规定都比较接近，台湾公司在大陆运作相对有比较熟悉的法律环境，但是随着上市公司治理中法律法规的完善，需要设置更加细致的具体操作流程以保护股东权益，譬如小股东投票制度与投票权重问题、独立董事选任与职责规定等。良好的公司治理不但于法律设计上需有一套"良法"的制度，公司管理层对公司的管控和设计很大程度上决定着公司治理的成败。在海峡两岸经济交流日益密切的今天，了解两岸对公司治理的不同要求和标准，对于公司上市和日常经营都会有很大的益处。

亓玉晶

　　现执业于上海市海华永泰律师事务所。上海市律师协会港澳台业务研究委员会委员。擅长公司法律事务、合同纠纷事务,曾对几十家在沪投资的外资公司提供常年法律服务。

因"地"制宜，投资先机

亓玉晶

土地是最基本的生产资料，大陆同台湾地区关于土地的立法差异巨大，很多台商来大陆投资因不了解大陆地区关于土地的法律法规而导致投资错误，严重影响到企业生存或获利之基础。以下我将选取自己经手处理的两个案件来说明一些现存的问题。

案例一：某台湾商人 2000 年来大陆投资时，选择用"以租代售"的方式同当地开发区签订了土地使用合同，并承建了厂房。但随着"以租代售"方式被国务院禁止，并规定企业取得土地使用权必须挂牌出让的方式，企业原"以租代售"方式同工业区签订的合同无效。同时，随着大陆经济的发展，工业用地指标日趋紧张，工业用地的价格成倍增长，该台商丧失了当初以便宜的价格获得土地使用权的资格，甚至因缺乏工业用地指标而无法取得土地使用权证。

案例二：某台商在广东省某地的国营农场承包农业用地 600 亩，用于现代农业开发。2009 年国营农场被批准成立产业园区，即政府要将国有农场的农业用地收回并转为建设用地，在事情的处理过程中，该台商对大陆的土地法律法规和关于征收补偿等方面的规定难以理解，主要因为大陆关于土地的法律法规同台湾地区有天壤之别。随着土地财富的快速增值，如果台商不了解大陆土地制度的法律法规，在投资过程中可能会错失很多良机，也只有真正了解大陆的土地法律法规才能消弭疑惑，因"地"制宜。

大陆有关土地的法律法规包括《中华人民共和国宪法》、《中华人民共和国物权法》、《中华人民共和国土地管理法》等，其中所涉内容又较为复杂。同时为了保护台商的合法权益，还出台了《中华人民共和国台湾同胞投资保护法》、《中华人民共和国台湾同胞投资保护法实施条例》。总结来讲中国土地性质分为农业用地、工业用地、商业用地；土地权属分为集体所有、国家所有。如果要对中国的土地政策展开论述可以写成一本书，在此只能就有关土地租赁的规定做个描述。并通过前述第二个案件，就大陆和台湾地区的土地法律法规做个简要分析。

一、关于土地的分类

就权属方面讲，《中华人民共和国宪法》第十条规定：城市的土地属于国家所有。农村和城市郊区的土地，除由法律规定属于国家所有的以外，属于集体所有；宅基地和自留地、自留山，也属于集体所有。国家为了公共利益的需要，可以依照法律规定对土地实行征收或者征用并给予补偿。任何组织或者个人不得侵占、买卖或者以其他形式非法转让土地。土地的使用权可以依照法律的规定转让。一切使用土地的组织和个人必须合理地利用土地。中国大陆的土地权属分为两类，一是集体所有，二是国家所有。

台湾地区的土地法规定了，土地分为公有土地和私有土地两种权属类型。其土地法第十条规定：台湾地区土地，属于台湾人民全体，其经人民依法取得所有权者，为私有土地。私有土地所有权消灭者，为国有土地。第四条规定：本法所称公有土地，为国有土地、直辖市有土地、县（市）有土地或乡（镇、市）有之土地。但同时，台湾

62

地区的土地法对土地私有也有限制，比如海岸一定范围内的土地、天然湖泊及其周围土地、公共交通道路、矿泉地、瀑布地、名胜古迹等不得私有。

对于土地的分类，大陆实行土地用途管制制度，将土地类型分为农业用地、建设用地和未利用地。《土地利用现状调查技术规程》中使用的土地利用现状体系，根据土地的用途、利用方式和覆盖特征等因素，将大陆土地分为了8大类、46小类：耕地、园地、林地、牧草地、居民点及工矿用地、交通用地、水域、未利用土地。农业用地只能作为农业用途使用，不得作为工业或商业用途，如果农业用地变更为建设用地，需要经过法律规定的审批程序。

台湾地区将土地用途分为四类：第一类、建筑用地。如住宅、官署、机关、学校、工厂、仓库、公园、娱乐场、会所、祠庙、教堂、城堞、军营、炮台、船埠、码头、飞机基地、坟场等属之。第二类、直接生产用地。如农地、林地、渔地、牧地、狩猎地、矿地、盐地、水源地、池塘等属之。第三类、交通水利用地。如道路、沟渠、水道、湖泊、港湾、海岸、堤堰等属之。第四类、其他土地。如沙漠、雪山等属之。

台湾商人在大陆地区无论是购买土地厂房抑或从事农业生产，都要对土地的性质、使用用途做充分了解。建设用地方面还会涉及到该土地获得的方式是采取划拨还是出让，这也关系到投资成本的大小。农业用地还分为是基本农田还是林地、果园用地等等。

二、农用地转为建设用地的流程

大陆农村集体所有的农业用地土地征收流程看，发布征地通告、征询意见、地籍调查和地上附着物登记、拟订"一书四方案"组卷上报、审批征用土地、公告征地补偿安置方案、公告报批征地补偿安置方案、批准征地补偿安置方案、土地补偿登记、实施补偿安置方案和交付土地是完整的法律流程。

关于国有农业用地不涉及征收的问题，属于国家将农用地收回，在给予实际使用人适当补偿后，变更为建设用地。关于国有农业用地变更为建设用地的流程，法律没有作出专门的规定。但在大陆物权法关于土地承包经营权的章节中指出，国家所有的农用地实行承包经营的，参照本法的有关规定。我个人认为国有农业用地如果实行了承包经营，在承包经营中所产生的问题和纠纷，应按照集体所有农业用地的法律规定处理，即国有农用地转为建设用地在具体操作的流程、补偿等方面参考集体所有农业用地转为建设用地的流程和补偿标准。

三、农业用地转为建设用地的补偿问题

按照《中华人民共和国土地管理法》的有关规定：农村集体农业用地被征收赔偿有四部分：（一）土地补偿费，同时每个省会根据其自身情况规定了最低的土地补偿费补偿标准；（二）青苗补偿费；（三）附着物补偿；（四）安置补助费。土地补偿费一般给与村集体经济组织，由村集体经济组织再做分配；青苗费和附着物补偿给与土地的实际使用人和投资人；安置补助费给与被征收土地的使用权人。

对于国有农业用地（国有农场）收回农业用地的补偿问题，法律没有专项予以规定。与此有关联的有大陆土地管理法第五十八条规定，国家为了公共利益或实施城市规划进行旧城区改建，需要使用国有土地的，应对土地使用权人给予适当补偿。2001年1月17日，国务院办公厅转发国土资源部、农业部《关于依法保护国有农场土地合法权益意见的通知》明确"确需占用农场土地搞建设的，要依法办理审批手续，并依法给予补偿和安置，不得随意强行划转国有农场土地"。2009年国土资源部办公厅、农业部办公厅关于收回国有农场农用地有关补偿问题的复函中指出：收回国有农场农用地也应按照上述原则进行补偿，即将收回国有农场农用地的补偿分为土地补偿费、安置补助费、青苗和地上附着物补偿费……土地补偿费应当给予国有农场，长期承包国有农场农用地并将其作为生产生活来源的农场职工，是自谋职业并与农场解除劳动关系的，安置补助费给个人；但由国有农场重新安排就业岗位的，安置补助费给与国有农场。对于地上附着物和青苗补偿费，按照"谁投入、谁获得"的原则给与补偿。当然，关于此规定是否合理，很多专家也有不同的看法，且在实践操作中是否能够维护投资的权益也备受质疑。

而台湾地区的土地法关于补偿给出了明确的规定：地价补偿费及其加成部分；建筑改良物或农作改良物补偿费；土地改良费；营业损失补偿费；迁移费。上述部分费用的分配也有明确规定。

无论是建筑用地或是农业用地，大陆关于土地征收或征用的法律规定较为复杂，台湾地区因为在土地权属方面较为简单所以涉及土地方面的规定简单明了而且易于操作。这也是很多台湾同胞来大陆投资工业或农业常常不知所措的原因。

因法律规定及历史原因，在关于土地方面的立法，大陆还亟待加强，在有些方面可以向台湾地区借鉴。简单明确的权属关系，也许不失为一个好的解决方式。

严嫣

　　现执业于上海市海华永泰律师事务所。上海市律师协会港澳台业务研究委员会委员。获国家二级心理咨询师职业资格，东方卫视"东方直播室"、上海艺术人文频道"大声说"、山东卫视"开讲"等节目的评论嘉宾。常年担任企业、公司及个人法律顾问，主要从事民商事法律服务，擅长法律风险防范与控制。

港台人在大陆重婚现象剖析

严嫣

对港台人在内地重婚现象的关注，起源于一次法律事实调查——黄女士，台湾人，怀疑长年在沪经商的丈夫有外遇，甚至怀疑丈夫已在上海再次结婚。

带着她的疑虑，我们做了大量的调查工作，最终从上海市民政局了解到一些关键信息。黄女士的丈夫，确实是在未结束台湾婚姻关系的情况下，与某位上海籍女士办理了涉外婚姻登记，涉嫌了重婚。黄女士接获消息，证实了自己猜测的同时，悲愤异常，反复地追问着，"能不能告他重婚……"面对她的这个问题，我们确实难以准确、清晰地回答。事实俱在，严格地从法律上讲，黄女士的丈夫确实涉嫌了重婚，但是事实上，真的可以追究吗？一是情感上，黄女士真的要追究吗？二是实际操作上，有多少类似案件，由于取证和法域冲突的问题，确实难以追究。

黄女士最终并没有真的追究丈夫的重婚罪行，面对一个艰难的法律课题，她最终选择了隐忍。

同样作为女性，我们可以理解，但作为法律人，我们有一些不安。带着这些不安，我们开始了对这个问题的关注，而呈现在面前越来越多的案例和现实状况，确实令人震惊。

一、现状

目前部分港澳台人在大陆地区的重婚问题，可以用"猖獗"来形容了。2005 年 11 月 16 日，福建仙游县人民法院审理一起台湾男子宋嘉裕同时与福建的三位女子办理结婚登记的重婚案，一审判决被告人宋嘉裕犯重婚罪，判处有期徒刑一年；2010 年 11 月 24 日深圳市罗湖区法院宣判，香港人王正权在香港婚姻注册处以发假誓取得未婚证明，与舒某某在湖北省襄樊市民政局办理了结婚登记，犯重婚罪，判处其有期徒刑一年，并判决香港的房产归 53 岁的妻子姚爱萍居住，赔偿精神损失。

有一本名为《苦婚——60 天隐性采访实录》的书，它就是"深圳二奶村"的调查实录。自 20 世纪 80 年代中叶开始，一批来往于香港与内地的香港商人、白领及货柜车司机，开始在深圳等地包养"二奶"。随着这个"风流军团"的扩大，一些位于罗湖文锦渡口岸附近的花园住宅，因"二奶"相对集中而闻名。90 年代中叶，随着深圳中心区的西移，福田区成为少部分港人"金屋藏娇"的首选地。沿深圳河北岸，邻近中国最大的内陆口岸皇岗口岸附近的众多村落，因便利出入境货柜车司机的歇脚和进出，日渐成为香港货柜车司机包二奶的首选之地。对那些二奶租住较多的村子，人们习惯上称为"二奶村"。海湾村中包二奶的男人，80% 是货柜车司机，百分之百的港人。文中介绍，深港两地，由大老婆与二奶构成的纠纷或"重婚罪"官司，此起彼伏。据广东省高级人民法院透露，2002 年全年审结因包二奶引起的婚姻家庭纠纷多达 42000 件，有 47 人因涉及包二奶行为构成重婚罪被处罚……

2007 年广东省公安厅联合港澳警方，首次大规模开展严厉打击利用虚假婚姻关系申请赴港澳地区定居或探亲、骗取出入境证件的违法犯罪行为的专项打击行动，瓦解了一批跨境人蛇集团。犯罪分子利用香港和大陆婚姻登记制度的差异、漏洞，大肆制造假结婚。而港澳已婚人到内地假结婚牟利，俨然也成为了重婚泛滥的重要因素。港澳居民结婚早已实现电脑联网，婚姻管理部门对居民是否在香港注册结婚了如指掌，没结婚的也可以在香港任何一间婚姻注册处，随时随意申请取得一张或多张无结婚记录证明书，澳门也大体如此。但内地婚姻登记机关还没全部实现联网，一些别有用心的未婚港澳居民，在犯罪团伙的操纵下，持合法证件回内地多个地方重婚。甚至，也有一些已婚的港澳居民，在内地重婚，在申请内地配偶赴港时被查获。

如果说，包养情人还可以勉强归为道德上的问题，那么那些借用港澳台身份，堂而皇之地在内地办理婚姻登记，假结婚或者"一夫多妻"，可以明确地界定为明知故犯的重婚……他们缘何如此猖狂？这背后又有怎样的社会心理和法律差异的背景和因素呢？

二、成因

（一）社会心理因素

婚外恋的社会阻力在变小，社会动力在变大。随着社会生产力的发展，人们的经济、政治和文化活动越来越远离家庭的范围，越来越脱离家庭关系的影响，婚姻或家庭的解体对于配偶、子女、父母以及亲朋好友的利益的影响越来越小，对于社会生产力的破坏作用也越来越小，人们对婚外恋越来越表现出宽容和谅解，从而降低了婚外恋的社会阻力。此外，随着社会文明程度的提高，人的民主与自由意识得到加强，个人隐私权越来越得到尊重，个人的交往自由和通讯自由越来越得到保障，从而进一步降低了婚外恋的社会阻力。由于男女关系、婚姻关系受到各种政治、经济和文化关系的影响和制约，因此开放的社会关系必然会对男女关系、婚姻关系的开放产生巨大的推动作用。

改革开放之前的中国大陆，几乎没有个人的独立存在，极其缺乏以独立个人为单位的人际交往和交换。个人的一切值得寻求与珍惜的东西，都必须放在一个确定的、肯定的和稳定的"关系实体"中，人们才会觉得安全、保险和放心。在性关系方面，中国人一直是以婚姻为本，以家庭为本，所以即使找别的女人，只要有条件，也尽量把那个女人弄得更像老婆，双方的关系才可靠，古代的纳妾制度，重要的原因之一就是这个。这种"纳妾的潜意识"在目前中国的男性中尤其是港台地区依然比较普遍。

2009年6月28日，香港前保良局总理林依丽在港发起了一场前所未有的反"包二奶"大游行。林依丽这样呼吁，"作为世界金融中心，香港是一个可以合法包二奶的社会——应该让全世界都知道，这就是香港特色。"林依丽谈道，港人包二奶的普遍和公开程度，在华人地区可算首屈一指，从80年代开始，"全民"包二奶的风气一直伤害香港女性至深。在此问题上，香港的另一个例外是，包二奶并不是少数有钱人的特权，而是包括普通工薪族，甚至收入低微的泥水工、货柜车司机等都全民参与的一种生活方式。管中窥豹，可见香港民众对婚外两性关系的认同度较高。

而在台湾方面，这种认同度也是相当可观的，台湾地区多位影视艺人被爆有重婚嫌疑，61岁的雷洪道歉表示，老婆多并不是光荣的事，但遇到了，就要负责任，毕竟都结下这个缘了，娶四个老婆，可说是"奉子之命"，对方有了爱的结晶，他以负责的态度面对。王永庆继承纠纷引发的"王永庆重婚"，三"太太"委托律师声明："过往社会认知及价值观多见一夫多妻，当时的法令更有相关规定承认，由此可知，法令是随着社会变迁，配合当时环境风俗所制定社会普遍接受的规范；既如此，就不能以现今社会认知标准来审视当时夫妻关系，而否决当时一夫多妻的情况以及妻子一生为丈夫和家庭奉献的地位。就事实论，王永庆三位配偶亦获当时家族及亲朋好友承认；社会各界人士均以'夫人'相称，这是众所周知的事实，再加以当时法令所承认，实不容以现今观点加以否认、扭曲事实。"台湾谈话性节目"名嘴"粘嫦钰在节目中自爆，前夫重婚生子，她到小三家理论、掌掴，上演"真实版犀利人妻"，舆论并未一片哗然。台湾地区的婚外恋及对重婚行为的接纳程度，可见一斑了。

相对而言，大陆的婚恋观念较为理性，上海社会科学院社会学研究所曾经做过科学调查，结果显示：有89%的人不支持婚外恋，其中有30%的人是绝对反对的，这从一个侧面可以反映出大陆社会舆论对婚外恋的整体态度。

从这些角度，我们似乎略微能够解释，来陆港台人重婚频发的社会原因了。除去观念的因素，港台人来陆从商，往往形单影只，无论是生理上还是心理上都有需要，婚外恋容易发生；来陆从商往往与外界社交、应酬较多，而社交频率高的人群，也相对容易发生婚外恋；另来陆的港台人，往往占足经济优势，可以通过经济报偿的方式来满足内地一些伴侣的物质要求等等。

（二）法律差异因素

大陆与港台鉴于历史因素，早已形成了不同的政治、经济、文化等社会制度，大陆建立了中国特色社会主义法律制度；香港则继续沿用英美法系法律制度并以《香港基本法》为指导；台湾地区一直沿用国民党在旧中国统治时期以"六法全书"为根基的资本主义性质的法统。三者之间对"重婚"等婚姻法律问题，有不同的规定。

　　关于婚姻关系问题，中国内地采取严格的一夫一妻制度。《中华人民共和国刑法》第二百五十八条规定，有配偶而重婚的，或者明知他人有配偶而与之结婚的，处2年以下有期徒刑或者拘役。中华人民共和国最高人民法院关于《婚姻登记管理条例》施行后发生的以夫妻名义非法同居的重婚案件是否以重婚罪定罪处罚的批复的规定，新的《婚姻登记管理条例》发布施行后，有配偶的人与他人以夫妻名义同居生活的，或者明知他人有配偶而与之以夫妻名义同居生活的，仍应按重婚罪定罪处罚。据此，自然人是否构成重婚，须确定两个主要问题：一是犯罪嫌疑人有配偶，即未解除现存的婚姻关系，或是明知对方有配偶；二是嫌疑人与他人对外以夫妻名义共同居住，即其邻居、亲友等认为他们是夫妻或彼此以夫或妻相称。

　　香港地区的《侵害人身罪条例》第45条重婚："任何已婚之人，于原任丈夫或妻子在生之时与另一人结婚，即属犯可循公诉程序审讯的罪行，可处监禁7年；但本条不得引伸应用于在过去7年其丈夫或妻子一直没有出现，且得不到其丈夫或妻子仍在生的消息而再次结婚的人，或再次结婚时已凭离婚解除上一次婚姻约束的人，或其前次婚姻已遭具司法管辖权的法院宣判无效的人。"（由1911年第30号第2及5条修订；由1991年第50号第4条修订）

　　台湾地区对于婚姻制度，也采取一夫一妻制度，禁止重婚。台湾地区《刑法》第二百三十七条的规定："有配偶而重为婚姻或同时与二人以上结婚者，处五年以下有期徒刑。相婚者亦同。"台湾地区《民法》第九百八十五条规定："有配偶者，不得重婚；一人不得同时与二人以上结婚。"违反此规定者，其结婚无效；夫妻之一方，有重婚者，他方得向法院请求离婚。台湾地区刑法中，至今还保留着通奸罪的罪名。该刑法第二百三十九条规定："（1）有配偶而与人通奸，处一年以下有期徒刑。其相奸者，亦同。惟本罪须告诉乃论，且非配偶不得告诉，但如配偶事前纵容或事后宥恕，则不得告诉。又告诉乃论之罪，应自得为告诉之人知悉犯人之时起，于六个月内提出告诉。告诉乃论之罪，告诉人得于第一审言词辩论终结前，撤回告诉，但本罪对于配偶撤回告诉者，其效力不及于相奸人。（2）通奸者与相奸者系故意以背于善良风俗方法加损害于他人，构成共同侵权行为，对于配偶之他方应负连带赔偿责任。（3）配偶之他方得请求判决离婚，并得请求财产上及非财产上的损害赔偿及赡养费。"还需一提的是，在2001年，台湾地区"行政院"针对台湾离婚条件过于严苛，怨偶无法离婚所衍生的社会问题，通过修订放宽裁判离婚的要件的同时，增加了"例外重婚有效"的规定。这种说法虽然保障了"善意的第三者"，使例外的重婚变成合法，但似乎颠覆了一夫一妻制。

三地的婚姻法律规定中，无一例外的禁止了重婚，而大陆可以说是规定比较严格的，基于对事实婚姻的法律概念，重婚罪的构成范围略大于港台。细读港台两地的重婚法律规定，我们不难看出，虽然香港将重婚罪列入制定法的公诉重罪之中，但实际认定重婚其实是有困难的，根据香港的司法制度、刑事审讯程序，对于重婚控方有举证的责任。而香港人在香港本地被控重婚的可能性又几乎为零，因为香港人的重婚行为几乎都是在港外地区发生。那么，控方要在毫无合理疑点的情况下证明被告人在香港结婚时，仍然在外维持另一段有效婚姻，法庭才会信纳而定罪，就算被告人坦白承认仍然在内地维持一段有效婚姻，成功检控的机会亦不高。根据香港的刑事法律证据条例（也即普通法的原则），例如举证存有其在内地所登记的一纸结婚证明书，只属于"传闻"的证据，不能作准。除非内地负责保管有关结婚纪录册的官员亲身到港，在法庭上出示有关婚姻的记录和作证，法庭才会信纳。可以想象，目前的机制下，要安排内地官员到港作证，可比登天还难，这是难以克服的检控困难的现象。

而在台湾地区就更为复杂，由于台湾地区民法关于结婚的规定与大陆婚姻法不完全相同，特别是由于双方对对方的法律互不承认，导致了对涉台婚姻中重婚认定的困难。如果大陆公民在1949年之前结婚，后一方到了台湾又重新结婚，这种情况在台湾被当然认为是重婚。但如果是大陆公民在1949年后依大陆婚姻法结婚，而后又到了台湾再结婚，是否沟成重婚？是否要承担重婚的责任？在台湾方面，首先要解决是否承认大陆公民在大陆依大陆婚姻法所规定的方式结婚的效力。这是决定后一个结婚行为是否为重婚的先决条件；在大陆方面，如果该重婚的大陆公民回到大陆，是否应受重婚罪的处罚，也要先视是否承认在台湾依台湾地区民法规定进行的结婚行为，即该大陆公民依台湾地区法律进行的结婚行为是否为大陆刑法上所称的"结婚"而定……这是法律上的承认问题，即便是暂时忽略不计，我们也面临着台湾规定的"例外重婚有效"，面临着"相奸罪六月之内告诉"、举证难等等的困惑。

即便在大陆，要追究港台人的重婚犯罪，也有很多实际的困难，如结婚要件不同、区际法律冲突、举证困难等等尚不能解决的法律问题……台湾地区民法规定的结婚必须具备的形式要件是举行公开仪式，有两人以上之证人在场，婚姻才有效，婚姻登记并不是婚姻的有效要件。很多台商在结婚后并没有到户政机关登记，所以其所持有的户口上还显示是未婚，这就为他们到大陆重婚提供了有利条件，也给我们依据内地规定追究其刑事责任造成了一定的困扰。据此，可以看到的港台在大陆重婚案件判例，实际状况中的凤毛麟角，有太多的个案无法追究、难以追究。

三、建议

我们知道，一个社会现象的背后，一定有巨大的社会心理因素，也必然有不健全的法律，而我们能做的是尝试着解读它们，以期解开其中的顽节。我们建议，从认知上，大家对婚姻及两性关系，应当有一个正确和理性的认识，关注婚姻的本质和意义，放下所谓的光环和虚荣，体会两性关系中一种平等的快感。我们不可能一蹴而就杜绝重婚现象，但惟有试着去理解和正视婚姻观念，才有可能趋向更美好的方向。

在法律上，我们建议，既陆港台通婚频繁，就应公开、共享有关婚姻资料，便于几地婚姻登记管理部门查询，以便防止重婚、假结婚现象的出现。可以在不违背国家有关婚姻法律的前提下，制定陆港台居民通婚条例，这样有利于制止陆港台通婚中出现的不良现象。也可以建议香港、台湾方面对婚姻法律进行修改补充，便于操作，比如对香港政府婚姻注册处出具的无结婚记录证明书问题，杜绝当事人随时、随意获取多张无结婚记录证明书。台湾方面，建议大陆的海协会与台湾的海基会进一步加大合作范围，加大两岸的公证力度，由海基会对台湾同胞的婚姻状况进行实质验证，以有效保护两岸婚姻当事人中大陆一方的权益。

随着大陆法制发展和日趋进步，对港台人在大陆重婚行为包容的可能性必然日趋降低。这里必须要提醒在大陆的港台同胞，切勿盲目小觑大陆对重婚行为的认定，失足试法。

李晓平

　　现执业于上海市震旦律师事务所，复旦大学法律硕士研究生毕业。曾获上海市司法行政系统新长征突击手、上海市虹口区首届十佳青年律师等称号。在公司收购兼并重组、外商直接投资、资本市场、电子商务平台规划、房地产开发及转让、知识产权等非诉讼方面具有丰富的业务经验，长期担任多家著名跨国企业在华公司的法律顾问。

试论内地与港澳民事管辖权冲突

李晓平

改革开放后 30 年来，新中国经历了三个重要的发展节点——港澳相继回归、中国入世和 CEPA 的签订（Closer Economic Partnership Arrangement，即《关于建立更紧密经贸关系的安排》的英文简称，包括中央政府与香港特区政府签署的《内地与香港关于建立更紧密经贸关系的安排》、中央政府与澳门特区政府签署的《内地与澳门关于建立更紧密经贸关系的安排》）。相应地，也产生了三个重要的可资成为大陆与港澳合作依据的法律文件群：以特别行政区基本法为核心的宪法性法律文件群、WTO 协定群和 CEPA 法律文件群。WTO 协定是经贸事项上的安排，它的"一揽子接受"原则使其在法律适用上处于相对优先的地位，以特别行政区基本法为核心的宪法性法律文件群则突出了"一国两制"的政治框架，它们分别构成了CEPA 法律文件群的经济基础和政治基础。

诉讼实践中，案件由何地法院管辖已经成为诉讼当事人关注的首要问题，关于管辖权的"斗争"就是双方的第一次较量。只要存在着通过起诉选择法院的机会，精通管辖规则的原告或被告的律师就会考量何地法院受理对自己更为有利，从而对管辖法院进行精心的选择。换言之，案件一旦诉诸法院后，双方就可能为争夺有利于自己的管辖法院而展开斗争，即所谓"管辖权之战"，其实质是管辖利益之争。

内地和香港处于不同社会制度的两大法系，香港的法律带有明显的英国特征。管辖权作为民商事案件审理的前提条件，建立统一的民商事管辖权和判决的承认与执行无疑会对两岸的经贸发展大有裨益。因此，香港与内地的管辖权冲突问题应以共同承认国际条约和习惯为前提，以司法实践检验的司法协助为保障，通过协调和协商来解决。

一、管辖权冲突问题解决的重要性

管辖权冲突是法律冲突中的重点问题。它既关系到司法主权问题，又涉及到实体法律的适用和法院判决能否得到承认和执行，同时也是任何一个民商事案件程序中都要首先解决的问题。内地与港澳都有涉及外国的民事诉讼所适用的程序规则，但均未制定或完善审理区际案件的程序规则。（张仲伯：《国际私法学》，国政法大学出版社，2002 年修订本）由于内地和港澳解决涉外民事案件的相关实体法和程序法都存在着较大的差异，同一纠纷选择在内地进行诉讼或在香港进行诉讼，很可能会有不同的结果，这种情况下，出现"挑选法院"和"一事两诉"等现象就难以避免。（盛永强：《涉外民事诉讼管辖冲突的国际协调》，法律出版社，1993 年）这些冲突的存在，会对内地和香港之间正常的民商事交往产生不利影响，大而言之将会影响到"一国两制"在香港的实施效果和香港的繁荣与稳定。所以，认真探讨两地之间民事诉讼管辖权方面存在的冲突，进而提出有效的解决方法，就显得非常必要。

二、内地与港澳管辖权制度的内容与对比

（一）内地关于涉港澳民商事诉讼管辖权制度的规定

内地法院在审理涉港澳民事诉讼管辖权时，除涉港澳合同案件、侵权案件和离婚案件等实行特别管辖外，一般参考涉外诉讼处理。

内地最高人民法院的《全国沿海地区涉外、涉港澳经济审判工作座谈会纪要》（以下简称为《纪要》）和《关于审理涉港澳经济纠纷案件若干问题的解答》（以下简称为《解答》）。《解答》规定：审理涉港澳经济纠纷案件，在诉讼程序方面按照民事诉讼法关于涉外民事诉讼程序的特别规定办理；在实体方面，按照民法通则第八章涉外民事关系的法律适用和涉外经济合同法第五章的规定，应适用香港、澳门地区的法律或外国法律的，可以适用。

内地最高人民法院《关于适用〈中华人民共和国民事诉讼法〉若干问题的意见》（以下简称《意见》）规定："中华人民共和国人民法院和外国法院都有管辖权的案件，一方当事人向外国法院起诉，而另一方当事人向中华人民共和国人民法院起诉的，人民法院可予受理。判决后，外国法院申请或者当事人请求人民法院承认和执行外国法院对本案作出的判决、裁定的，不予准许；但双方共同参加或者签订的国际条约另有规定的除外。"最高人民法院在《纪要》中指出，"凡中国法院享有管辖权的涉外、涉港澳经济纠纷案件，外国法院或者港澳地区法院对该案的受理，并不影响当事人就同一案件在我国人民法院起诉，但是否受理，应当根据案件的具体情况决定。"由此可见，我国对于涉外平行诉讼是基本肯定的，并规定国内诉讼具有优先效力。对于当事人提起的涉港澳平行诉讼则不加限制。

双方当事人可以采用明示或默示的方式约定管辖法院。最高人民法院的《解答》和《中华人民共和国民事诉讼法》规定，对于因合同纠纷和物权纠纷（除涉及不动产物权的纠纷外）提起的诉讼，双方当事人可以协议选择内地法院行使管辖权；在没有协议的情况下，如果一方向内地法院起诉，另一方应诉，并进行实体答辩的，内地法院也可行使管辖权。

（二）香港诉讼管辖权制度的规定

香港法律将涉外民事管辖权区分为对人诉讼和对物诉讼的管辖权。对人诉讼，是直接针对某一个人使其为或不为某项行为的诉讼。根据香港的法律规定，被告身在香港，而法院的起诉文件能在香港送达被告，或被告自愿接受香港法院的管辖权，甚至香港以外的地方，法院根据规定，只要将起诉文件送达，香港法院可就对人诉讼行使管辖权。

对物诉讼不仅可以约束诉讼当事人，还可以约束有关的第三人。对物诉讼主要包括所有权等权利的诉讼、海事诉讼采取按送达生效的方式确定法院的管辖权。身份行为的诉讼，香港法院一般根据当事人的住所地或经常居住地是否在香港来决定它是否具有管辖权，具体管辖必须根据实际案情区别对待。

（三）内地与香港管辖权的比较

第一，关于一般地域管辖权冲突。内地一般采用"原告就被告"的原则，即只要被告在内地有住所或者经常居住地，人民法院就可以行使管辖权。而香港确定涉外民事案件管辖权的依据则是实际送达原则，被告在香港出现，法院只要能将传票有效送达被告，无论被告在香港境内有无住所或与香港有无联系等，香港法院均可行使管辖权。

第二，特殊地域管辖权冲突。在内地没有住所的被告提起的诉讼，只要合同签订地、合同履行地、诉讼标的物所在地、财产所在地、侵权行为地或者代表机构住所在地任何一项在内地，即可由内地法院管辖。在香港，若被告处于香港法院无法控制范围之内时，原告可单方申请法院行使域外管辖权，法院可根据原告提供的证据和自由裁量权作出裁定。

第三，专属管辖冲突。内地规定了因不动产、港口作业、继承遗产而产生的纠纷以及因在中华人民共和国履行中外合资经营企业合同、中外合作经营企业合同、中外合作勘探开发自然资源合同发生纠纷所提起的诉讼，由以上所在地人民法院专属管辖。而香港法院只对其境内的不动产物权诉讼行使专属管辖。

第四，协议管辖冲突。香港法律同样允许明示和默示协议，但其明示协议不要求香港是与争议有密切联系的地点，只需要明文指定送达被告的程序或方法即可，而其默示协议则指被告接受法院送达即可。

三、内地与香港管辖权冲突的解决办法

1999年3月30日内地最高人民法院通知印发了《关于内地与香港特别行政区法院相互委托送达民商事司法文书的安排》，1999年6月同时签署了《关于内地和香港特别行政区相互承认和执行仲裁裁决的安排备忘录》。借鉴国际公约来处理我国区际民事管辖权冲突的做法也是十分有效的办法。内地与香港在已达成的《相互承认和执行仲裁裁决的安排》中就基本保留了1958年《相互承认和执行外国仲裁裁决的纽约公约》中的主要内容。通过几年来的实践证明，以上办法为两地司法提供了良好的基础。

（一）领会"一国两制"方针政策的真正含义，以司法协商作为解决民事诉讼管辖权冲突的主要方式

涉港澳诉讼不同于一般国内诉讼，两地没有共同的立法机关和最高司法机关，不能通过直接的司法文件或者司法机关解决问题；

涉港澳诉讼又不同于一般的涉外诉讼，两地属于同一主权国家，不存在根本的利益冲突。通过协商解决管辖权冲突，不需要两地的实体法或程序法发生大的变化，符合"一国两制"原则，也符合"和谐社会"的最终要求。（朱志晟：《我国内地与香港特别行政区关于涉外民事管辖权的比较》，2007 年）香港基本法对此作了原则性规定："香港特别行政区可与全国其他地区的司法机关通过协商，依法进行司法方面的联系和相互提供协助"。可以由最高人民法院代表内地各级法院，同香港特区政府或终审法院进行协商，达成一致后，在内地由最高人民法院以司法解释的方式发布在内地施行，在香港由香港特区政府或终审法院以法令或者其他适当的方式颁布在香港实施。司法实践中有类似的先例。最高人民法院《关于内地与香港特别行政区相互执行仲裁裁决的安排》，就是内地最高人民法院和香港特别行政区政府协商的结果。

两地的法律属于不同的法系，在适用的原则、制度等方面都存在较大的差异。内地不能把港澳作为一般的内地省级地区来看待，从总体上看，港澳法律是和内地法律处于完全平等的地位的。内地和港澳主要是当事人私人利益方面的冲突。所以，内地和港澳应着眼于在"一国两制"的框架下，以公正、及时、有效的原则来解决管辖权冲突。

（二）灵活运用各项法律原则，构建和谐社会

"意思自治"原则是指充分尊重双方当事人的内心意愿。而今在民事纠纷中被广泛使用的原则，尤其适用于合同纠纷引起诉讼的涉港澳案件。但有一点，合同双方当事人只能选择内地或香港（澳门）两地的法院，不能协议选择任何第三方的外国法院管辖。这是维护国家主权的原则和做法。同时，不得违反内地民诉法对级别管辖、

专属管辖及已订有仲裁条款，并且不得再协议选择法院管辖的有关规定。

"一事两诉"又称"诉讼竞合"，是指当事人基于同一法律事实，在两个不同法域法院提起诉讼的状况。（于宁杰：《涉港澳民事诉讼管辖问题》，2009 年）两种典型情形，一种是同一原告就同一诉讼标的分别在两个不同地域的法院提起诉讼；另一种是就同一诉讼标的，双方当事人分别在两个不同地域的法院作为原告向对方提起诉讼。与之相应的是"一事二理"，"一事二理"是国际上主权国家对相关的的商事案件，从维护司法管辖权的目的出发，对与本国法律规定具有连接点的民事纠纷，以本国法律规定为标准，基于同一事实和诉讼请求受理他国已经受理或审结的纠纷。在内地和香港间明确民商事案件管辖权问题，应当将"一事不二理"作为一项原则予以制定：针对同一事实的同一请求，其他地域的法院不再受理。内地与香港在处理"一案两诉"问题时，可以采用便利原则兼受理在先原则，针对"一案两诉"的各种情况，制定具体的"一事不再理"规则，不仅有利于保护当事人的利益，同时也便利法院司法。

（三）制定适当的区际冲突法，形成健全有效的司法网络

在管辖权冲突方面，两地都有自己的区际冲突法，各地区之间的理论和规范，甚至法系和文化都不一致，无法从根本上消除管辖权冲突。（胡宜奎：《内地与香港民事诉讼管辖权的冲突及解决方法》，2005 年）制定全国统一的区际冲突法不仅能消除当事人"挑选法院"的现象，不涉及两地的实体法和程序法，较容易达成一致，而且能避免冲突法本身的冲突，为将来实体法的统一奠定基础。但目前看来解决涉港澳民事诉讼管辖权冲突却不现实。中华人民共和国全国人大常委会只能制定有关国防、外交和其他按照基本法规定不属于

特别行政区自治范围内的法律，有关区际冲突的法规并不在这个范围内。而港澳特别行政区的立法机构也没有权力制定可适用于两地的统一的冲突法律。两地也没有共同的最高司法机关来通过司法途径实现冲突法的统一。《香港特别行政区基本法》第95条规定，"香港特别行政区可与全国其他地区的司法机关通过协商，依法进行司法方面的联系和相互提供协助"。但将"内地其他地区"界定为内地省级地区，在很大程度上，很难有理想的效果。

内地和香港分属不同的法系，在法律传统和法律实施环境等方面都有较大的差异，这就决定了两地在语言表述和法律术语的使用上存在较大的不同。即使是同一概念，在内地和香港使用时所具有的含义也可能有很大的差别。对现有规定中存在的含义模糊，容易产生歧义的法律术语和表述，都需要明确，以免不必要地增大纠纷解决的分歧和难度。

管辖权问题不仅是法律上至关重要的问题之一，也是关系三地司法沟通的重要支柱，只有妥善解决并切实完善这方面的法律法规，并加以实行，才能加快社会的法制化进程。

肖万华

现执业于上海市东方剑桥律师事务所，毕业于北京外国语大学英语专业、复旦大学国际经济法专业、马塞商学院金融投资专业。上海市律师协会港澳台业务研究委员会委员。擅长代理投融资项目，办理涉外仲裁诉讼案件、刑事案件。

律师维护香港股东权益的一个案例

肖万华

　　中国国际经济贸易仲裁委员会上海分会根据申请人柳某提交的书面仲裁申请；由申请人作为唯一东主（即股东）设立的香港无限责任公司 Sun Investment Company（中文名称为"阳光贸易公司"，原中文名称"阳光投资公司"）与被申请人上海某集团于 1996 年 10 月签订的《合资公司合同》中的仲裁条款，受理了上述合资合同项下争议仲裁案。本律师代理申请人请求裁决被申请人支付合资公司期满、清算后的财产计人民币 900 万元。被申请人答辩：申请人主张的合资公司清算款不应由被申请人来承担法律责任；本案清算款纠纷不属仲裁范围；申请人不是合资公司港方股东实际出资人。

　　一、基本事实

　　1996 年 10 月，被申请人与香港中盛公司订立合同，共同出资 200 万美元设立了合资公司。被申请人出资 110 万美元，占合资公司注册资本的 55%；中盛公司出资 90 万美元，占合资公司注册资本的 45%。1999 年 6 月，上海市对外经济委员会批复，同意合资公司原港方中盛公司变更为香港阳光贸易公司。上海市工商行政管理局存档的资料及合资公司批准证书上的港方投资者中文名称是"阳光贸易公司"。申请人曾经是阳光贸易公司的法定代表人，同时也是合资公司的副董事长，其委托童某出席合资公司董事会会议，并授权代其在董事会会议决议上签名。另一位由港方指派担任合资公司董事的是何某。2006年1月，合资公司召开董事会会议，一致同意合资公司经营期届满不再继续经营，成立清算小组，对合资公司的资产进行清算。《清算报告》确认合资公司的资产总额为2000万元。合资公司全体董事在该《清算报告》上表示"股东会确认清算报告，股东承诺：公司债务已清偿完毕，若有未了事宜，股东愿意承担责任"。申请人曾多次致函合资公司董事长及被申请人，就合资公司清算以及清算后剩余资产的处置问题进行交涉。与此同时，金某以合资公司的名义，以电汇方式将该款项汇往以何某为东主（即股东）的"香港阳光贸易公司"（Sun Investment Company）。香港法律允许公司同名，区分标志是商业登记证号码，该号码不一致，虽是同名公司，仍然是不同主体的公司。

二、申请人仲裁请求的依据和理由

请求被申请人支付合资公司期满清算后的财产900万人民币。合同与法律依据如下：

1. 合资合同约定和合资公司章程规定

（1）合资合同第42条规定，合资公司清算后的财产，根据股东股资比例进行分配。

（2）合资公司章程第70、71、74、76条规定，合资期满，组成清算委员会，对合资公司财产进行清算；清算方案提请董事会通过后执行；清算后剩余财产按股东出资比例进行分配；合资公司结业后，其各种账册由中方保存。

第70条规定：合营期满或提前终止合营时，董事会应提出清算程序、原则和清算委员会人选，组成清算委员会，对合营公司财产进行清算。

第71条规定：清算委员会任务是对合营公司的财产、债权、债务进行全面清查，编制资产负债表和财产目录、制定清算方案，提请董事会通过后执行。

第74条规定：清算委员会对合营公司的债务全面清偿后，厂房归甲方所有，其剩余的财产按甲、乙方在注册资本中的出资比例进行分配。

第76条规定：合营公司结业后，其各种账册，由甲方保存。

2. 法律规定

（1）《外商企业清算办法》相关规定：

第4条规定：企业清算应当依照国家有关法律、行政法规的规定，以经批准的企业合同、章程为基础，按照公平、合理和保护企业、投资者、债权人合法权益的原则进行。

第11条规定：清算委员会在清算期间行使下列职权：清理企业财产，编制资产负债表和财产清单，制定清算方案；公告未知债权人并书面通知已知债权人；处理与清算有关的企业未了结的业务；提出财产评估作价和计算依据；清缴所欠税款；清理债权、债务；处理企业清偿债务后的剩余财产；代表企业参与民事诉讼活动。

第14条规定：清算委员会应当依法履行清算义务，并按照协商原则处理有关清算的事务。

第26条规定：清算费用未支付、企业债务未清偿以前，企业财产不得分配。企业支付清算费用，并清偿其全部债务后的剩余财产，按照投资者的实际出资比例分配；但是法律、行政法规或者企业合同、章程另有规定的除外。

第32条规定：清算报告经企业权力机构确认后，报企业审批机关备案。

第 33 条规定：自清算报告提交企业审批机关之日起 10 日内，清算委员会须向税务机关、海关分别办理注销登记。

清算委员会应当自办结前款手续之日起 10 日内，将清算报告并附税务机关、海关出具的注销登记证明，报送企业登记机关，办理企业注销登记，缴销营业执照，并负责在一种全国性报纸、一种当地省或者市级报纸上公告企业终止。

第 34 条规定：企业清算结束，在办理企业注销登记手续之前，应当按照下列规定移交其所保管的各项会计凭证、会计帐册及会计报表等资料：（一）中外合资经营企业、中外合作经营企业由中方投资者负责保管；中方投资者有二个以上的，由企业主管部门指定其中一个负责保管；（二）外资企业由企业审批机关指定的单位负责保管。

（2）《中外合资企业法实施条例》相关规定：

第 30 条规定：董事会是合营企业的最高权力机构，决定合营企业的一切重大问题。

第 91 条规定：合营企业宣告解散时，应当进行清算。合营企业应当按照《外商投资企业清算办法》的规定成立清算委员会，由清算委员会负责清算事宜。

第 93 条规定：清算委员会的任务是对合营企业的财产、债权、债务进行全面清查，编制资产负债表和财产目录，提出财产作价和计算依据，制定清算方案，提请董事会会议通过后执行。

清算期间，清算委员会代表该合营企业起诉和应诉。

第 94 条规定：合营企业以其全部资产对其债务承担责任。合营企业清偿债务后的剩余财产按照合营各方的出资比例进行分配，但合营企业协议、合同、章程另有规定的除外。

合营企业解散时，其资产净额或者剩余财产减除企业未分配利润、各项基金和清算费用后的余额，超过实缴资本的部分为清算所得，应当依法缴纳所得税。

第95条规定：合营企业的清算工作结束后，由清算委员会提出清算结束报告，提请董事会会议通过后，报告审批机构，并向登记管理机构办理注销登记手续，缴销营业执照。

第96条规定：合营企业解散后，各项账册及文件应当由原中国合营者保存。

（3）《中华人民共和国民法通则》相关规定：

第66条第4款规定：第三人知道行为人没有代理权、超越代理权或者代理权已终止还与行为人实施民事行为给他人造成损害的，由第三人和行为人负连带责任。

（4）《中华人民共和国公司法》相关规定：

第20条规定：公司股东应当遵守法律、行政法规和公司章程，依法行使股东权利，不得滥用股东权利损害公司或者其他股东的利益；不得滥用公司法人独立地位和股东有限责任损害公司债权人的利益。

公司股东滥用股东权利给公司或者其他股东造成损失的，应当依法承担赔偿责任。

公司股东滥用公司法人独立地位和股东有限责任，逃避债务，严重损害公司债权人利益的，应当对公司债务承担连带责任。

根据上述相关的合同约定和法律规定，申请人认为：

第一，合资公司港方投资者通过股权转让变更为 Sun Investment Company，其原先的中文名称为阳光投资公司，后改名为阳光贸易公司。因该公司为无限责任公司，唯一东主（即股东）是申请人。当该公司结业后，申请人当然承继了合资合同项下原阳光贸易公司的权利义务。

第二，合资公司期满清算后的剩余资产总额2000万元，申请人持有合资公司45%股权，可分配剩余资产900万元。至今，申请人未获得任何剩余资产，而被申请人曾经作出承诺：若有未了事宜，其愿意承担责任。

第三，申请人委托童某出席合资公司就清算事宜召开的董事会会议；会后申请多次致函被申请人及合资公司董事长，强调应与其代表童先生联络，商讨任何处理合资公司剩余资产问题，并强烈要求取得双方股东认可后，方能处理剩余资产，且只有童某有权代表申请人处理剩余财产，领取清算款。

三、被申请人的答辩意见

1. 申请人主张的合资公司清算款不应由被申请人来承担法律责任

2. 本案清算款纠纷不属仲裁范围的问题

依据《中华人民共和国中外合资经营企业法实施条例》第十款的规定，《合资合同》中约定的是合资公司清算程序。即使《合资合同》的仲裁条款对申请人与被申请人有法律效力，只是合资公司清算程序的纠纷是属于仲裁的范围。

本案合资公司清算款纠纷属于清算款的实体性处理的争议，不是该合同项下的争议，显然超出了仲裁条款约定的范围。对该清算款处分的主体是合资公司，不是被申请人，仲裁协议对作为第三人的合资公司没有法律效力。

3. 合资公司港方股东实际出资人的问题

1996年2月何某与阳光贸易公司的童某签订了《协议》，双方约定各出资 45 万美元，作为实际投资人。以阳光贸易公司出面为港方股东，占合资公司 45% 的股份。1996 年 10 月，被申请人与阳光贸易公司签订了《合资合同》。合同签订后，童某未能按协议的约定出资，阳光贸易公司也无支付投资款的能力。为此，1996 年 11 月何某与阳光贸易公司的童某签订了《协议书》，双方约定，仍以阳光贸易公司出面为合资公司港方股东，港方的注册资金 90 万美元，全部是何某出资的不变，在合资公司的 45% 外方的股权全归何某所有，合资公司的所有债权债务的外方部分由何某承担。1999 年 1 月，合资公司董事会同意中盛贸易公司将其在合资公司 45% 的股份转让给阳光贸易公司。因为在合资公司中，何某所投入的资金无撤资或变更的情况。童某和申请人都没对合资公司出资。中盛贸易公司也不存在将其在合资公司的 45% 的股权转让给阳光投资公司的事实。

四、本案的争议焦点及律师意见

1. 申请人是否属于系争合资合同的当事人一方？

生效《民事裁定书》确认："被申请人与中盛公司签订的合资合同中的仲裁协议合法有效，对双方均具有约束力。中盛公司将其在合资公司的股权转让给阳光贸易公司后，阳光贸易公司又与被申请人就合资合同的部分条款作了修改，但包括仲裁协议在内的其余条款维持不变，继续执行。因此，阳光贸易公司作为合资合同中中盛公司权利义务的受让方，原合资合同中的仲裁协议对阳光贸易公司与被申请人具有约束力。被申请人称合资公司因发生股权转让，合资合同中的仲裁协议不具有约束力的主张，缺乏相应的事实和法律依据，本院不予采纳。根据香港律师出具的公证证明，阳光投资公司于 1999 年 6 月更名为阳光贸易公司，且阳光投资公司与在上海市工商行政管理局登记备案的合资公司股东阳光贸易公司的注册登记号码、公司注册地址完全一致，故可以认定阳光贸易公司系由阳光投资公司更名而来。阳光贸易公司结业后，申请人作为该公司的东主当然承继了合资合同项下原阳光贸易公司的权利义务，合资合同中的仲裁协议对申请人和被申请人关于合资合同所产生的纠纷具有约束力。被申请人称阳光贸易公司和阳光投资公司仍然在香港存在，没有结业，因上述两家公司的注册登记号码与原阳光贸易公司的注册登记号码并不一致，故本院对被申请人的主张不予采纳。"

本律师认为《民事裁定书》不仅解决了仲裁协议是否约束申请人与被申请人的争议，同时也解决了申请人是否属于合资合同一方当事人的主体资格问题。换言之，此项《民事裁定书》通过确认申请人作为阳光贸易公司唯一东主的身份，继而确定了申请人承继了阳光贸易公司在系争的合资合同项下权利义务的法律地位，最终确定了合资合同中的仲裁条款对申请人与被申请人的约束力。

2. 何某与童某之间的关系是否影响到申请人对于合资公司清算后剩余资产的权利？

被申请人为了证明向以何某为投资者的"香港阳光贸易公司"汇去清算款是合法的，提供了多份证据材料以证明何某与童某之间曾经达成了相关的《协议书》。本律师认为，该《协议书》的缔约双方分别是何某和童某两个自然人，他们均为香港居民；《协议书》签订的日期是1996年11月；双方确认合资公司的外方投资人；双方所要进行的交易，是将童某将香港中盛贸易公司在合资公司的22.5%股权全部转让给何某，由何某单独拥有合资公司45%的股权。被申请人提供的与此《协议书》相关的证据材料非但无法证明将合资公司清算款汇往以何某为投资者的"香港阳光贸易公司"是合法的，反而更加证明这一行为毫无法律依据。理由如下：

第一，申请人与被申请人双方提供的证据材料都证明，合资公司的港方投资者是香港中盛贸易公司，而不是童某或者何某这两个自然人；他们两人都不是合资公司的股东，他们在《协议书》中错误地自认为各自拥有合资公司22.5%的股权，实是对法律的错误理解。既然两人都不是合资公司的股东，理所当然无权处分他们所不拥有的"权利"，即童某无权将其不拥有的合资公司的股权转让与何某。

第二，申请人和被申请人所提供的证据材料证明，1999年合资公司原港方股东——香港中盛贸易公司——将其在合资公司的全部股权转让给香港阳光贸易公司。1999年6月7日，上海市对外经济委员会作出同意合资公司变更外方投资者的批复，变更后的港方投资者为"香港阳光贸易公司"，而不是童某或者何某。

第三，如果童某和何某对于他们在香港中盛贸易公司或香港阳光贸易公司的权益有任何纠纷，这属于香港法下的当事人之间的纠纷，并不属于仲裁庭管辖的事项。

第四，被申请人希望用提供的《协议书》及证人证词来证明何某系合资公司的港方股东实际出资人的法律地位，并试图证明将合资公司的清算款汇往以何某为股东的"香港阳光贸易公司"是合法的。这恰恰表明被申请人不适当地介入了两个香港居民之间涉及到香港公司的权利纠纷。

3. 申请人是否有权直接向被申请人主张合资公司清算结束后的清算款？

本律师认为，申请人有权向被申请人主张合资公司的清算款，理由如下：

（1）《中华人民共和国中外合资经营企业法实施条例》第三十条规定："董事会是合营企业的最高权利机构，决定合营企业的一切重大问题。"这就表明，依据中国内地法律，合资公司不设股东会，董事会是合资公司的最高权力机构。在大陆境内设立的中外合资企业（包括内地公司企业与香港公司企业设立的合资企业）是"人合"性质非常鲜明的有限责任公司，因合资公司不设股东会，其董事会兼具两方面职能：作为中外双方投资者组成的股东会职能；作为合资公司常设管理机构的董事会职能。鉴于合资公司董事会的这一特殊性质，除非仅专门处理合资公司内部事务，该等董事会所作出的决议都反映了各投资者的意志和利益：合资公司董事会会议决议、《清算报告》明确"股东会确认清算报告，股东承诺：公司债务清偿完毕，若有未了事宜，股东愿意承担责任。"这些文件都非常清楚地指出了合资公司的清算事宜绝对不是单纯的合资公司内部事务，而是牵涉到合资各方重大实质性权利和权益的事务；合资公司的中方董事和港方董事都代表双方投资者的利益表达了各自立场。

（2）《中华人民共和国公司法》第二十四条规定，公司股东不得滥用其股东权利，如果滥用此项权利给公司或其他股东造成损失的，应当依法承担赔偿责任。被申请人在处理合资公司清算资产上、确实存在公司法所规定的滥用股东权利的行为。被申请人作为合资公司的股东一方，置中国内地政府相关部门已经批准的法律文件于不顾，否认柳某为唯一东主（即股东）的香港阳光贸易公司作为合资公司的股东的法律地位，从而指示其所委派至合资公司的董事及代表被申请人参加清算程序的金某，将清算款汇至其认为的港方股东实际投资人何某所设立的"香港阳光贸易公司"的账户。显然，被申请人滥用股东权利的性质是相当严重的：一般而言，公司控股股东滥用股东权利时，并不否认其他股东的存在，仅仅是出于自己的私利而漠视其他股东的权利；在本案中，被申请人却要否认合法的另一股东的资格，继而借助于合资公司这形似"独立的"法人，将合资公司的清算款汇往其所认可的、但是中国内地法律不承认的其他人在香港所设立的同名公司。

（3）申请人和被申请人委派至合资公司的董事分别代表合资双方在《清算报告》最后签字确认："股东会确认清算报告，股东承诺：公司债务已清偿完毕，若有未了事宜，股东愿意承担责任。"双方当事人再次所作的承诺所针对的"未了事宜"并不是对合资公司债务的修饰词，而是一项独立的文字，应当理解为一切与清算有关的"未了事宜"。现合资公司的清算在名义上已经完成，但是作为合资公司一方股东的香港阳光贸易公司（柳某）并未获得清算款，显然，合资公司清算后存在"未了事宜"；且此结果的原因是被申请人的过错。由于被申请人的故意，合资公司这一独立法人的独立性得不到保证，被申请人甚至连中国内地法律所确认的港方股东的资格都予以拒绝，这是导致申请人在合资公司的权益受到损害的根本原因。

五、仲裁裁决

仲裁庭采纳了本律师的意见，并认为：被申请人向何某为投资人的"香港阳光贸易公司"汇款不等于向以申请人为投资人的香港阳光贸易公司汇款，被申请人明知或者不可能不知道下列事实：

第一，作为合资公司港方投资者的香港阳光贸易公司的法定代表人是申请人，而不是何某；何某并非香港阳光贸易公司的股东或董事；何某作为合资公司董事会的董事，系受香港阳光贸易公司之指派。

第二，被申请人自己承认，柳某虽然作为香港阳光贸易公司的法定代表人以及合资公司的副董事长，没有亲自参加合资公司的董事会会议，由童某代为参加并在有关董事会会议决议上签署申请人

的名字。换言之，柳某并未授权何某作为其授权代理人来处理香港
阳光贸易公司在合资公司的权益。

第三，何某是被香港阳光贸易公司指派作为清算小组成员，其
职权仅限于一般地参与合资公司的清算程序，绝对不包含合资公司
清算结束后代表港方投资者接收剩余资产的权限。

第四，根据《外商投资企业清算办法》第三十四条、合资公司
章程第七十四条、第七十六条之规定，清算终结后合资公司的所有
会计凭证、会计账册及会计报表等资料全部由中方投资者负责保管。
就本案而言，合资公司的该等资料均由被申请人负责保管。然而，
仲裁庭上述第三项认定的事实表明，虽然清算组在形式上办理了相
关的清算终结所需的包括企业注销在内的手续，可是《清算报告》
并未向合资公司董事会以及合资公司投资双方说明清算财产的处理
结果。而依据《外商投资企业清算办法》第三十一条第（三）款之
规定，《清算报告》应当包括此项内容。在合资公司清算后，由被
申请人掌握了合资公司所剩余的全部资产以及合资公司的所有财务
凭证等资料，其中包括申请人依法有权获得但尚未获得的清算剩余
资产。被申请人作为该等资料和款项的保管者，应当将合资公司清
算后剩余资产按出资比例汇给港方投资者，申请人有权直接向被申
请人要求获得合资公司清算结束后的清算款，因此，仲裁庭支持了
申请人的仲裁请求。

沈亢

　　现执业于上海市申达律师事务所。上海市律师协会港澳台业务研究委员会委员。拥有十年以上房地产、建设工程专业法律服务经验，并熟悉公司法律事务。

施君

　　现执业于上海明泰律师事务所。上海市律师协会港澳台研究委员会委员。先后担任多家在沪大中型台资企业的常年法律顾问，在企业设立、治理、收购兼并、资产重组、清算、房地产、国际贸易等方面，积累了较为丰富的非诉讼法律服务经验。

沪港台三地房地产市场和交易环境比较

沈亢 施君

  随着内地经济的持续发展，内地房地产市场在短短的二十多年间从无到有，规模从小到大。自福利分房制度趋于消失，房地产业在国家经济中的地位日趋重要，"购房"从一个二十多年前还无法想象的事转变为今天上到达官显贵、下至平民百姓日常生活中无法回避的话题。

  上海的房地产市场虽然起步晚于当年的海南和广东深圳，但凭借其位列内地经济中心的特殊地位，发展至今不论从市场规模还是重要性看，都已是内地房地产市场举足轻重的标杆，因此吸引了上海之外的全国各地，乃至港澳台和海外的各路资金前来淘宝。在上海房地产市场的成长过程中，来自港台的购房者一直是市场上重要的参与者，当年上海房地产商品化起步时，"外销房"曾大多被港台人所购买。

  然而，这十年来，去"海外购房"的话题也成为了内地媒体的热点，尤其房地产调控的最近几年更甚。到香港作房地产投资，也为内地许多先行者们带来了丰厚的回报。内地居民在香港购房，除了投资，还有教育、移民、就业等多种现实的需求。紧随其后，台湾的房地产也渐渐进入内地居民的眼界。

其实，台湾当局最早已于 2002 年开放内地居民赴台购房，但因限制较多，实际成交者寥寥。2009 年 6 月 30 日，台湾当局进一步放宽相关法令，加之两岸签署 ECFA 和赴台"自由行"在多个城市施行，内地居民赴台购房开始多了起来。上海（含周边）作为目前台胞在内地定居人口最为集中的区域之一，加之上海是首批台湾自由行的开发地，使得台湾正成为上海人逐步熟悉、了解和向往的一个房地产投资市场。

一、沪港台三地房地产市场发展历史的比较

二战结束后，香港因政治格局变迁导致人口大量增加，使其住房极为紧张，大量的需求也启动了房地产市场的繁荣发展。但其后的发展过程出现过多个繁荣期和衰退期，香港自由资本主义的经济体制决定了房地产市场绝不仅仅为解决市民居住要求，"炒楼"一直是香港市民主要的投资方向。20 世纪 70 年代中期是香港房地产市场最重要的发展时期，一大批新兴地产集团崛起，通过上市融资壮大实力，改变了香港地产的竞争格局，并延续至今。而香港的房价也在 80 年代一度达到尺价过千的高度（指每平方英尺售价超过千元，1 平方米 =10.7639 平方英尺）。而几十年以来从未中断又相对繁荣的市场同时造就了一大批服务机构和专业人员，因此香港的房地产经纪机构和从事房地产交易业务的律师不论人口比例还是专业程度都非常高。不同于沪台两地的是，香港的房地产交易中律师是不可或缺的参与主体，往往整个交易过程只有买卖双方的律师见面，由他们协商交易契约及完成整个交易过程，而契约当事人甚至可以不需要谋面。在香港买卖房地产，找一个可靠专业的香港律师提供服务是最为重要的要素之一。

台湾的楼市发展直接与其经济发展相联系。20 世纪 60 年代，随着亚洲四小龙之一地位的确立，台湾经济开始腾飞，其房地产市场也进入高速成长期，到 80 年代转为缓慢成长期，而 90 年代则明显出现衰退现象。这主要源于经过长时间的发展，台湾岛内居民住宅自有率已达相当高的水平，加之人口出生率下降、经济不景气以及两岸政治环境不明朗，台湾楼市进入了低迷期。进入 2000 年后，为了刺激低迷的楼市，台湾政府出台了一系列针对房地产市场的鼓励政策，其中就包括开放内地居民购买台湾房产的举措，此举也为本文探讨比较三地房地产市场提供了现实意义和实务借鉴。

上海是内地最为发达和市场化程度最高的房地产市场之一。改革开放的前十几年间，虽然经济得以增长，但房地产的市场和概念较少出现在普通老百姓的生活中。尽管上海的商品房开发在 80 年代就已出现，但从 1993 年才算正式起步。1994 年 7 月国务院发出《关于深化城镇住房制度改革的决定》，确定了"建立与社会主义市场经济体制相适应的城镇住房制度，实现住房商品化、社会化"的住房制度改革目标。为刺激和鼓励商品住宅房地产市场的发展，1994 年 2 月起上海开始试行"蓝印户口"制度，大大增加了外来人口对上海房地产的需求。其后，上海市政府相继出台了一系列房产刺激政策，其中包括 1998 年全国首创且至今影响深远的"购房退税"政策。自 2000 年开始的十年时间可以说是房地产市场"辉煌"甚至是"疯狂"的十年，上海的中心地段房价涨幅将近十倍，房价成为中央政府头痛和重点调控打击的对象。房地产市场开始调控，土地供应和资金供应被收紧，市场胶着，市民限购、限贷，市场进入政府强力调控期。

正是上述三地房地产市场各自经历不同，使得目前三地市场的状况差异巨大。随着三地越来越便利的交流往来，在三地互相投资必将成为平衡风险和发掘市场机会的一个新出路。

二、沪港台三地房地产市场法律基础的比较

进行房地产投资，首先要了解投资地的法律背景，只有合法的投资行为才能使得投资标的获得安全保障。在中国特殊的政治和法律体制格局下，沪港台三地不同的法律体系造成了三地交易规则和习惯的先天差异。

沪台的房地产交易遵循大陆法系的基本原则，以"物权法定"和物权登记制度为依托，在此基础上形成的交易制度和习惯自然与源于普通法系的香港有很大的不同。

同为大陆法系，沪台房地产交易的基本制度比较接近。内地房地产交易制度的法律基础依据主要是《中华人民共和国民法通则》、《中华人民共和国物权法》、《中华人民共和国城市房地产管理法》和《中华人民共和国土地管理法》。而台湾地区沿袭其旧有的民法典著有专章的"物权篇"，其基本的法理依据与我们内地的民法体系在法理上最为接近。

香港作为原英属殖民地，根据《香港特别行政区基本法》第八条规定："香港原有法律，即普通法、衡平法、条例、附属立法和习惯法，除同本法相抵触或经香港特别行政区的立法机关作出修改者外，予以保留。"故此，其住宅交易的基本法律依据仍然沿袭普通法的原有规则，通过各个时期公布的《香港法例》加以规范。此外，在香港特殊的法律体系下，事务律师在香港房地产交易的契约缔结方面担负着重要作用，如在土地注册处（官方网站 http://www.landreg.gov.hk/），有关土地的文件、买卖契约、让渡契约、抵押契约、抵销契约、抵销注销契约、追索通告、遗产继承书等，除要经双方签署外，还必须经过律师的见证才有法律效力，故通常在房地产交易过程中的法律契约也全部由事务律师代为起草完成，乃至大部分的登记和法律磋商也是买卖双方律师之间的工作，买卖双方本人基本无需费心。而目前沪台的房地产交易习惯，律师是否参与并非完成住宅交易和登记的必备法律程序，尚属于买卖双方自由选择的高端增值服务。

另外，基于大陆法系的沪台房地产交易制度与基于普通法系的香港房地产交易制度中最为显著的区别，在于其确权方式的不同。大陆法系依据"物权法定"的原则，不动产权利的确认是以权利机构登记为准的。为此在大陆，根据《中华人民共和国物权法》第14条规定，房地产权利的确认自记载于不动产登记簿时发生效力。政府会根据其不动产登记簿记载之内容，向不动产权利人颁发权利凭证（上海为"房地产权证"），以此证明其权利归属。

台湾地区同属于大陆法系，基本的不动产登记理论与我们相同，不动产确权依据其民法典之物权篇中不动产登记的条款，即台湾地区民法典第758条规定："不动产物权，依法律行为而取得、设定、丧失及变更者，非经登记，不生效力。"依其《土地法》第39条的规定，不动产登记系由市县地政机关办理。政府在地政机关内设置土地登记誊本和建物登记誊本，作为官方法定登记不动产物权的记录，此点类似于上海市房地产登记部门的不动产登记簿（台湾地区将土地权利与房屋"建物"权利分开登记）。台湾地区不动产权利人相对应的可以取得土地所有权状和建筑物所有权状（类似我们的土地使用权证和房屋所有权证）。

香港属于普通法系，遵循契约至上原则，其不动产权利的转移变更均依据契约执行，并无政府机构确认始生效的要求。但为了规范交易行为，根据《土地注册条例》，香港于1949年成立了登记总署，后来分立出土地注册处负责为一切与土地有关（包含房产部分）

的文件办理注册。但按照我们的理解,其政府的土地注册处也仅是起到备案公示的作用,并不负责确认其权利,也非权利登记部门。香港确认不动产权利的最终依据还是交易契约,土地注册处的工作之一就是保存每笔房地产交易的契约以供查阅和避免权利归属争议,此点是不同于"物权法定"官方确权登记的。从形式上看,在香港土地注册处查询获得的每笔不动产登记信息有自该不动产从土地取得到建造过程,以及其后所有的交易契约(包括抵押等)的汇集文件,任何对于房地产权利的权属争议均可以通过查阅政府保存的契约得以查明,故在香港不存在政府颁发给不动产权利人类似沪台的权利证明文件。

但是,沪港台三地的土地制度的差异却另有特点。从物权登记制度看,因沪台两地法律渊源接近,故采取了近似的登记制度。香港遵循普通法惯例,并无类似沪台的那种房地产登记制度。内地房地产市场依赖的土地制度(国有土地使用权出让制度)的设立不同于台湾地区的土地私有化制度,内地最早的土地出让(批租)制度的渊源来自香港的土地体制,这就导致了内地的土地权利基本制度反而更接近香港而不同于台湾。台湾地区因实行土地私有制,故政府登记的土地权利为土地所有权(颁发的权利凭证为"土地所有权状"),而内地与香港均未实行土地私有制。借鉴我们熟悉的表述方法,香港的土地制度为土地国有、租赁使用制度,理论上中华人民共和国拥有香港的全部土地,香港特区行政长官有权租出或批出土地,给予公众占用一段时期(法律上称为"批租土地")。故在土地权利方面,反而是沪港更为接近,在台湾可以获得土地所有权,而沪港获得的都是有期限的土地使用权。内地的出让土地使用权通常是50年和70年期限(因不同的土地规划用途而期限不同),香港地区根据中国政府和联合王国政府关于香港问题的联合声明附件三第二条规定，除了短期租约和特殊用途的契约外，已由香港英国政府批出的 1997 年 6 月 30 日以前期满而没有续期权利的土地契约，如承租人（Lessee）或承批人（Grantee）愿意，均可续期至 2047 年 6 月 30 日止。（《内地和香港的土地使用权制度的比较（一）》，http:// hkila.org.hk/）在土地使用权到期后，房主需根据楼盘位置、性质的不同而向政府有关部门"补地价"，重新获得的土地使用权的期限。如果房主没有能力支付这笔款项，政府将在"房契"（买卖双方就房地产权利交接的书面文件，保存于土地注册处）上做登记，在没有缴清这笔款项前，该房产是不能进行再转让的。

三、沪港台三地房地产市场一般交易流程的比较

笔者以二手住宅交易流程为对象，比较三地在这方面的异同点。（见 107 页的 表格）

四、沪港台三地房地产交易市场管理的比较

1. 香港市场

香港的房地产交易市场比较发达，成熟度较高且政府监管也相对严厉。通常情况下，普通法系固有对于契约的高度尊重而导致市场交易主体的守约意识比较强，同时违约成本也相对较高。而香港房地产市场经历多年发展起伏，使得香港政府对于该市场管理的能力和程度也较高。

香港政府对于房地产市场的干预主要分为市场干预和行政管理两种。作为自由经济体的香港，其政府干预大多是通过间接的方式进行，没有类似内地房地产调控中使用的"限购"政策，甚至与同样法律体系下的新加坡、澳大利亚等地区比较，类似其区分国民和非国民的购房限制措施也至今没有出现过。现今，香港政府调节市

交易阶段	项目流程	上海	香港	台湾
准备阶段	寻找物业	多通过亲友介绍或房地产经纪	多通过房地产代理或经纪	多通过房屋中介业者
	考察物业	现场考察物业	现场考察物业，但如物业已出租，按照交易管理在租期内业主无权强制要求租客提供看房协助，故亦有不看物业现场即行交易的惯例	现场考察物业
签约	签约准备	签订定金合同或者买卖居间协议(多为政府公布示范文本或房地产经纪公司提供的固定格式文本)，明确双方详细的交易内容	签订临时买卖合约(多由房地产经纪公司提供)	卖家先与中介签"委托销售契约书"，再由中介寻找买家。找到买家后，买家先付一笔斡旋金(小订)给中介，并签订"买卖议价委托书"
	下定金	买方支付意向金或定金，通常为五万、十万至房价的10%不等	买方亦同时要缴付临时订金，多为交易价的5%	买方支付定金给卖方，双方同意交易价格后，买方先支付10%签约款
	签订正式买卖合同	买卖双方在房地网上签订"上海市房地产买卖合同"(双方输入密码)并下载打印后双方签署。期间习惯还可补足买卖合同约定定金的差额部分	卖方与买方各自委托事务律师。卖方律师草拟正式买卖合约，由买方律师审核，双方透过律师就约约条款达成协议后，便签订正式买卖合约，买方亦同时要缴付加付订金，通常支付至交易价的20%	买卖双方在代书(是台湾特有的职业，主要工作带爸爸土地和不动产交易的法律文件及相关服务)协助下见证下签订买卖契约书，签约时买方支付部分房款
权利转移	登记	双方共同向房屋所在地房地产交易中心申请房地产权利过户	买方律师负责将正式买卖合约提交土地注册处登记	代书备妥申请产权过户登记申请书后由双方签名并盖印章，此环节称为"用印"，并填妥其他报税申请书，买方第二次支付部分房款给卖方
	过户交接	待房地产交易中心办妥房地产权证后由买方或者房地产经纪人代为领取完成权利过户，另按照双方买卖合同约定时间完成房屋的验收和交接(俗称交房)，如有合同约定，此时结清剩余房款(如有)	于买卖合约约定的完成交易当日(交楼日)，卖方交付物业与买方，而买方须缴付楼价的余款。买方律师草拟转让契(房契)，由卖方律师审核，双方签订转让契	税务机关查各项税费缴纳完成后，地政机构才能核准完成产权转移登记，此环节称为"完税"。习惯上买方第三次支付部分)房款。待房屋及土地权利过户至买方名下后，由买方支付卖方房款余款(如有)，卖方向买方点交房屋

场的措施主要有：

（1）土地供应调整

香港的土地从法理上均归属于中华人民共和国，从管理上自然属于香港特别行政区政府。由于在香港回归前其土地制度就是批租制度，香港政府历来对于土地供应这一源头拥有绝对的和唯一的控制权，所以在市场供求发生变化，外界环境出现大的波动时，政府可以通过减少和增加土地供应来调节新房供应量及市场预期，间接影响房地产市场的走势。

（2）居屋计划

居者有其屋计划（简称居屋计划，Home Ownership Scheme）是香港政府的公共房屋计划之一，由香港房屋委员会兴建公营房屋并以廉价售与低收入市民。该计划于 1970 年代开始推行，向收入不足以购买私人楼宇的市民，提供出租公屋以外的自置居所选择，亦可让收入相对较高之公屋居民加快腾出公屋单位，供有需要人士居住。此计划内兴建的公营房屋称为"居者有其屋"屋苑，通称居屋。（维基百科 http://zh.wikipedia.org/）香港政府通过居屋计划除了解决中低收入阶层的置业要求外，因居屋在居住一定期限后可在特定的二手市场（居屋市场。香港房委会于 1997 年 6 月成立"居屋／私人参建居屋计划单位第二市场"，即居屋第二市场）让现居公屋住户和绿表资格证明书（即由香港房屋委员会颁发的区别于白表申请人的获享香港政府资助置业计划的特殊人群，其本身是租住公屋的或经核实可或编配公屋的人士）持有人可选购由首次出售日期起计第三年的居屋／私人参建居屋／租者置其屋单位（居屋）。这项安排增加了居屋的流转量，以满足社会对资助自置居所的需求。更重要的是，现居公屋住户和绿表资格证明书持有人享有多一个自置居所的途径，而房委会则可腾出更多出租公屋，编配与有真正需要的人士。居屋第二市场楼宇买卖的运作，大致上与公开市场上的模式相同，买卖双方可自由议价，或透过地产代理进行交易。买方必须承担将来在公开市场上把单位出售时，所需要缴付补价的责任。香港房屋委员会（http://www.housingauthority.gov.hk/）进行自由交易，故还起到间接调节住宅房地产市场的供应和需求数量的作用，引导市场的良性发展。2002 年香港特区政府认为私人住宅物业应由私人发展商以市场为主导兴建，宣布无限期停止建造和售卖居屋。（维基百科 http://zh.wikipedia.org/）但近期因房价攀升过快，市民置业压力陡增，香港特区行政长官曾荫权于 2011 年 10 月 12 日在发表 2011 年至 2012 年施政报告时宣布恢复兴建居屋（ http://news.cn.yahoo.com/ypen/20111013/635604.html），足可见居屋计划作为政府调控市场砝码的重要性。

（3）地产代理监管

香港虽然属于自由资本主义经济体的典型代表，但政府对于地产代理公司和经纪人群体的监管却极为严格。这也是因香港的房地产市场是其本地经济发展的支柱之一，而房地产代理公司和经纪人除了作为普通的商业实体身份外，还因其对经济乃至社会稳定影响巨大，故受到政府额外严格的监管。

1997 年 11 月，根据《地产代理条例》，香港政府成立了地产代理监管局这一法定机构。其主要职能包括监管香港地产代理的执业；推动业界行事持正、具备专业能力；以及鼓励行业培训，提升从业员的水平和地位。监管局举办资格考试、审批个人和公司牌照、处理对持牌人的投诉、执行巡查工作，以及对违反《地产代理条例》的地产代理从业员施行纪律处分。（香港地产代理监管局 http://www.

eaa.org.hk/）正是因为政府对于地产代理行业监管极为重视，也造就了香港地产代理行业的今天的繁荣，同时维护了房地产交易市场的平稳运行。在许多房地产交易过程中，房地产经纪人起到了沟通和桥梁的作用，他们在努力做成"生意"的同时也不忘规范操作，以免交易者投诉监管局而遭到重罚。笔者认为此点非常值得内地政府借鉴以更好地管理地产代理行业。

（4）特别税收调节

虽然香港的税制总体持续稳定，但在调控房地产市场方面，税收调节也是政府首选的措施之一。为应对近期的楼市"高烧"及回应民怨，2010年6月22日香港特区立法会三读通过了《2010年印花税（修订）（第2号）条例草案》。（香港通过"额外印花税"条例，遏制住宅"短炒"，见 http://news.cntv.cn/map/20110622/113368.shtml）根据该草案，在2010年11月20日或之后取得住宅物业的人士，若在取得该物业的24个月或以内出售或转让该物业，除非有关交易获豁免，将按照持有物业期限的长短，缴付"额外印花税"，以确保住宅物业市场健康平稳发展、遏抑住宅物业市场短期炒卖活动。

根据条例草案，住宅物业在半年内转手，"额外印花税"税率为15%；半年至一年内转手，税率为10%；一年至两年之内转手，则要交5%。

香港政府通过众多监管手段和调节措施，对房地产市场进行"调控"，同时又尽力避免采取强制措施带来的种种不良"药物反应"。

2. 台湾市场

如前所述，台湾从上世纪90年代以来的很长一段时间里，由于考虑到政治风险及经济疲软，房价涨得并不算太快。但由于台湾行政当局为抵御2008年全球金融危机，拉动消费、刺激增长，采取了扩张性的货币政策并不断降低利率，加之两岸关系的迅速解冻及对大陆来台投资将推高台湾房价的预期等因素，都促使更多人投资房地产，导致近年台湾房地产市场价格直线攀高，已偏离都市地区普通人口所能承受的价位。而台湾行政当局所实施的"打房政策"，如调高贷款利率、限制贷款成数等，虽然短期间有效，但成效不彰，房价依然居高不下。因此，台湾行政当局又出台及准备出台一系列配套措施，用法律手段平抑房价、健全房屋市场。

（1）开征奢侈税

台湾行政当局为遏制房价恶性上涨，于2011年3月10日宣布修正后通过的《特种货物及劳务税条例》（俗称"奢侈税草案"，实为房地产投机交易特别税），并于同年6月1日起正式开征"特种货物及劳务税"（俗称奢侈税）。（《特种货物及劳务税条例》内容，见 http://www.ml888.com.tw/news_Detial.asp?news_id=706 ）。根据规定，奢侈税的征收范围涉及不动产、交通、保育、家具等方面。今后购买单价在300万元新台币（约合68万元人民币）以上的汽车、游艇、非用作大众运输工具的飞机等奢侈品，或购买单价在50万元新台币（约合11.3万元人民币）以上的高档家具、高尔夫球证及俱乐部会员证，以及皮草、龟壳、玳瑁和珊瑚等制品，都要征收交易价10%的奢侈税。而此税种最引人注目的，无疑是对不动产短期炒作的规定：对一年或两年内转卖非自用住宅及空地的投机行为，分别课以15%和10%的奢侈税。

（2）推出新住宅政策

台湾行政当局提出"社会住宅设施方案"、"合宜住宅"和"现代住宅"等新住宅政策，用三举并施遏制房地产投机（http://www.chinanews.com/estate/2011/05-24/3061430.shtml ）。所谓"社会住宅设施方案",是指以房屋租金补贴、贷款购置住宅利息补贴为主,兴建只租不卖的社会住宅为辅,透过台湾当局订定相关办法,授权地方政府执行。这一政策鼓励民间参与兴建,避免穷人或其他弱势群体被贴上标签,以达成穷人与富人混居的目的,并降低现有房屋的空置率。"合宜住宅"是以出售为主,低于市场价格出售给一定收入以下的无自有住宅家庭。"现代住宅"则是参考了新加坡的组屋模式,由政府出地,民间出钱,住宅推出后可以自由转售。

3. 上海市场

从上海的房地产市场调控措施看,其主要是税收工具,包括契税、所得税、土地增值税、房产交易税等,直至最新最火的物业税。而税收调节的主要方法是采取减免、复征和新设等方式,起到短期内调整市场交易成本的目的,这点类似于香港的"额外印花税",但我们税种的设置不同于台湾着眼于消费论处的"奢侈税"。

另一个比较重要的手段是信贷调节。鉴于内地的银行体系基本属于半市场化的状态,且国有银行占据市场的主体,银监会、人民银行对于商业银行的控制能力比较强,所以历年房地产调控过程中除了人民银行宏观调节银行准备金率从而影响市场利率水平,还有比较严厉的"限贷"政策。

最后,就是目前正在实施的强制性"限购"政策。该政策是脱离市场化的行政强制手段,本身存在缺乏法律依据等诸多争议,政府也多次强调其为短期政策(尚无取消的计划),但无可置疑的是其药效最强、市场震动最大。在此政策的强制打压下,近期内地房地产市场走势诡异莫测。

张志良

现执业于上海志良律师事务所。上海市律师协会港澳台业务研究委员会委员。有北京、哈尔滨及上海三地执业经历，擅长诉讼、谈判、公司常年法律顾问。

浅析公司法定代表人制度

张志良

2005 年 10 月 27 日新修订的《中华人民共和国公司法》（以下简称《公司法》）第 13 条：公司法定代表人依照公司章程的规定，由董事长、执行董事或者经理担任，并依法登记。即公司法定代表人是公司法定的代表，对外代表公司，根据公司章程赋予的权限行使职责。公司法定代表人制度带来的问题在台资企业中尤为明显。笔者近年来代理了多起台资企业案件，其中台资企业法定代表人权力失控，导致企业遭受灭顶之灾的情况屡见不鲜，我国公司法定代表人制度的弊端显露无遗。笔者以某市 YM 服饰辅料有限公司（以下简称"YM 公司"）（职务侵占、破产清算）案为例说明。

2008 年是台商投资祖国大陆 20 周年。20 年来，大陆台资企业从无到有，从小到大，迎来了前所未有的发展，为两岸同胞带来了福祉。其中不乏台塑、友达、统一、东元等岛内行业巨头。在大陆外资总额中，台资的比重为 6.7%，排名第五；若加上台商通过中美洲群岛、港澳、东南亚等第三地的转投资，比重已达 10%，排名第二，仅次于港资。（经济参考报）。

某市 YM 公司是 1994 年由四家包括台湾及外资股东投资的企业，当时，因投资股东还有其他产业，无暇长期在大陆参与经营，便聘请了股东以外的台湾人吴东担任法定代表人。吴东作为公司聘任的法定代表人独立经营，董事会成员都不在大陆，很难及时监督。吴东充分发挥了法定代表人的"作用"，截至 2010 年，企业原有资产上千万元神不知鬼不觉地"蒸发"了。未经股东会同意，吴东利用法定代表人身份，擅自卖掉了属于公司的设备和房地产，导致公司资产损失殆尽。经股东会授权律师介入调查发现，所有交易文件都只需法定代表人签字、盖公章即完成。

在由计划经济向市场经济过渡的进程中建立起来的中国公司法定代表人制度，具有其区别于其他国家的特色，在市场经济体制逐步发育的今天，其弊端日益凸显，有待完善。通过对中国公司法定代表人制度的分析，能看出法定代表人制度的特点及弊端。

一、法定代表人的含义

我国法定代表人制度是在由计划经济向市场经济过渡的进程中建立起来的。在计划经济一统天下的时代，企业完全是政府的附属物，是国家经济的一个单位。他们的生产、销售、利润的分配以及企业领导的任免都由政府统一管理，企业自身没有什么"独立人格"。这一时期的企业立法也带有浓厚的计划经济色彩：既没有"法人"的概念，当然也无从产生"法定代表人"。这种否认企业作为独立主体参加民事、经济法律关系的客观存在的状况，一直延续到 1978 年党的十一届三中全会以后才得以改变。随着商品经济与市场经济活动的广泛发展，人们意识到必须确立企业的独立人格，并赋予企业代表人完整的代表资格。

1979 年颁布的《中外合资经营企业法》和 1983 年颁布的《中外合资企业法实施条例》规定，合资企业的形式为有限责任公司，其董事长是企业的"法定代表"。1981 年颁布的《中华人民共和国经

116

济合同法》中首次使用了"法定代表人"的称谓。1983年颁布的《国营工业企业暂行条例》中规定，企业是法人，厂长是"法定代表"。1985年颁布的《公司登记管理暂行规定》中规定，公司是法人，董事长或经理是"法定代表"。1986年颁布的《中华人民共和国民法通则》（以下简称《民法通则》），第一次以基本法的形式确认了法人制度和法定代表人。《民法通则》第38条规定：依照法律或者法人组织章程规定，代表法人行使职权的负责人，是法人的法定代表人，同时还规定了法定代表人行为法律后果的归属：（1）法定代表人的行为引起民法上的后果由法人承受；(2) 如果法人的违法行为还导致了刑事责任和行政责任的，法定代表人可能要承担刑事和行政责任。

《民法通则》颁布之后，有关"法定代表人"的条款，广泛见于各种法律、行政法规、地方规章和最高人民法院的司法解释中。如今"法定代表人"已经扩大为一个具有域外效力的概念。1993年颁布的《公司法》规定，有限责任公司和股份有限公司的董事长、不设董事会的执行董事是公司的法定代表人。但对于"法定代表人"的含义仍未作出明确的规定。通过对我国有关"法定代表人"立法问题的回顾，可以这样来概括：在我国公司制度中，所谓"法定代表人"是指：依照法律或者公司章程的规定，经公司登记机构核准登记注册，代表公司实施法律行为的负责人，其行为后果由公司承担。

二、法定代表人制度规定及渊源

现行我国公司的代表制度是一种非常独特的制度———法定惟一代表制。《民法通则》第38条规定："依照法律或者法人组织章程的规定，代表法人行使职权的负责人，是法人的法定代表人。"2005年10月27日通过了新修正的《公司法》，对法定代表人制度作了修改。

修改前的旧《公司法》直接规定，董事长是公司的法定代表人。新《公司法》第13条改变了上述规定，修改为"公司法定代表人依照公司章程的规定，由董事长、执行董事或者经理担任，并依法登记"。可以看出，新《公司法》扩大了法定代表人的备选范围，但前后两者都是单一代表制。

这种单一代表人制度在我国的确立有着深刻的历史渊源。实践方面，来源于传统的计划经济体制下经济权力高度集中的惯性在企业领域的体现，尤其承袭了传统的厂长经理负责制。伴随着国有企业的改革，我国制定旧《公司法》时，形成了这种独特的法定代表人制度。法定代表人制度理论来源于20世纪上半叶的苏联，并非我国首创。

该法定代表人制度具有以下特征：1.法定性。法律直接规定，只有董事长、执行董事和经理才可担任公司法定代表人。而公司自己不能作出相违背的决定。2.唯一性。新公司法的该条虽然规定公司的法定代表人可以由董事长、执行董事或者经理担任，但可以看出是一种选择关系而不是并列关系，法定代表人仍然只能由一人担任。

三、法定代表人制度的弊端

我国现行公司法定代表人制度的法定性和唯一性，在理论上和实践中存在着诸多弊端：

第一，公司法定代表人的法定性违背了公司自治原则。公司法虽然是公法和私法的混合体，但在本质上属于私法，因此意思自治是它的一项重要原则。公司在处理自己事务时，有权决定在何种情况下谁最合适代表公司执行事务，代表权的安排是实行单一代表还是数人分别代表。而目前我国公司法定代表人的安排，更多体现的是立法者的意志，显然违背了公司自治原则。因为法律的管制并不能比市场本身产生更多的正面效应。

第二，公司法定代表人的唯一制，因权力过于集中，可能导致董事会和其他董事的权利被架空。公司的权力机制是分权和制约。董事会在现代公司治理中的作用在于"商议"、"讨论"和"共同决定"，但公司代表的法定单一制使得董事会集体决策的这一作用大打折扣，很多情况常常是法定代表人说了算。在法定代表人单一制下，当出现法定代表人专权时，决策的科学性和民主性就无法保证。所以说，法定单一代表制加大了公司的经营风险，容易造成权力专断，不利于民主决策和形成科学的公司治理结构。台资企业法定代表人，在失去远在台湾的股东会制约下，尤其非股东法定代表人利用这一合法身份，私自改变经营方向、处分企业重大财产、甚至卷款而逃的事件时有发生。某市 YM 公司非股东法定代表人隐瞒投资人、股东会，利用法定代表人合法身份和权力，擅自变卖、处分公司重大资产，导致公司投资人、股东遭受重大损失就是典型的案例。

第三，唯一性的规定，不利于公司诉权的行使。现行制度不适应经济快速发展的需要，导致经济活动的低效率。按照现行法定代表人制度的解释，法人的任何经济活动原则上都应该由法定代表人代表，任何重要的经济文件原则上应该由法定代表人的亲笔签字，否则应有法定代表人的委托或授权。但是经济活动中，由于时间、空间、个人能力的限制，法定代表人往往不能事必躬亲，或者即使事必躬亲也未必能更好的维护法人本人的经济利益，从而使公司无法及时、快速处理相关问题，不利于股东利益的维护。同时由于现行公司注册、登记、变更流程更加简化，尤其非股东法定代表人擅自处分公司重大资产，这种现象在台资企业非股东法定代表人中更加常见。公司印鉴、证照、账册都由法定代表人掌控，这给不掌握印鉴、证照、账册的股东维权带来极大困难，损失很难挽回。某市YM 公司案件就是个鲜活的例子。

四、国外公司法定代表制度的规定

大陆法系的公司代表制度主要存在董事会模式和代表董事制的模式。第一，董事会模式以德国为典型，董事会代表制建立在严格的公司理论基础上的，认为公司的董事会是公司的代表机构和执行机构，同时为了交易当时灵活性，公司可以通过章程规定授权董事或者董事和经理作为公司代表人。《德国民法典》第 26 条规定，社团法人设董事会，董事会可以由数人组成，董事会代表法人，董事代表权的范围可通过章程加以限制。第二，代表董事制以日本、韩国为典型。规定各董事都有单独代表公司的权力，同时允许公司通过章程规定公司的董事或者授权数名董事共同代表公司。日本《商法》关于股份公司规定："公司应通过经董事会决议确定可代表公司的董事。并于前款情形，可以确定数名代表董事共同代表公司。"《有限公司法》中第 27 条规定："董事代表公司；董事有数人时各自代表公司。公司可以以公司的章程或股东全会决议，确定可以代表公司的董事或规定数名董事共同代表公司，或者根据章程由董事互选以确定可以代表公司者。"

在英美法系中，一般认为公司与董事之间是一种信托的关系。公司董事对内履行职责也是按信托的责任进行的，董事具有当然代表公司的权力。

由此可见，国外普遍采用的是董事代表制，董事会中每一位董事有均等的代表公司的权利，而具体由谁来代表公司，是一人代表还是数人代表，实行意思自治，由公司通过章程决定。

五、我国法定代表人制度的完善

通过与国外公司代表制度的对比分析，我国公司法定代表人制度的根本不同点在于，由法律直接规定，且法定代表人只能由一人担任。基于这一不同点，我国法定代表人制度在理论上和实际运作中存在诸多弊端。

为改变我国公司内部权力过于集中的现状、降低经营风险、提高公司运作效率，笔者建议在公司法修改为董事代表制，董事会的全体董事对公司享有均等的代表权，公司对此享有意思自治权，公司章程可以自行决议选择由董事一人或数名董事共同代表。当然，董事之间代表公司权利的相互制衡也是必要的。

同时，还应加强公司内部相关制度的建设：第一，在公司章程中明确规定董事的权限，规定代表公司的董事名单、具体权限、代表权的行使方式、董事代表权的取消条件、程序。第二，规定董事的越权行为制度，健全公司内部对代表权力的制约，限制董事代表权的滥用。第三，完善代表人的责任和追究制度。明确公司代表人对公司、股东及第三人责任承担，增加特定情况下公司代表与公司对第三人的损害负连带责任的规定。第四，公司法也要对董事责任的限制和免除作出相应规定，以保护公司代表人的积极性。

此外，公司代表的设置应该区分不同阶段、不同情况有不同的代表。公司设立时，设立人大会应为公司的代表。清算时，清算组是其公司的代表。一般性诉讼时，公司的法律顾问也可以成为公司的代表。期待公司法律制度进一步完善。

张翙

　　现执业于上海大邦律师事务所，复旦大学法律硕士。上海市律协港澳台法律业务研究委员会委员。对于房地产、建设工程的建设和管理、公司资产优化重组、股权转让等方面的法律服务有较深的研究和实践经验，担任多家公司法律顾问。

台湾地区继承制度特留份扣减权评析

张 翊

　　特留份制度是指被继承人死亡后，依法应将一部分遗产特留给一定法定继承人的制度，是被继承人不能任意处分的遗产部分。即立遗嘱人的财产被划分为两个部分：一是遗嘱人可以自由处分的，体现了遗嘱人的自由意志，是私法自治在继承法中的体现；二是特留份，是法律强行规定的只能给予一定范围内的法定继承人的，对该部分财产，遗嘱人不能自由处分。因此，特留份实际上是遗嘱人不能自由处分的财产部分，是对遗嘱自由的一种限制。法律规定特留份制度，一定程度上保障了特留份权利人的利益。但被继承人仍可以通过生前赠与的方式处分其财产，从而损害特留份权利人的利益。因此，赋予特留份权利人以扣减权实属必要。本文拟通过对台湾地区特留份扣减权的分析，以期读者对这一制度有一完整的认识。

　　扣减权是指被继承人生前赠与或遗赠行为导致特留份权利人所应得的特留份额不足时，特留份权利人有权按照不足的份额，主张从被继承人生前赠与或遗赠财产中予以扣减的权利。其目的是为了防止被继承人生前将其财产全部或大部分赠与他人，或者在遗嘱中将全部或大部分的财产指定给部分法定继承人或遗赠给他人，从而保护特留份权利人的利益免受损害。台湾地区"民法"继承编（以下简称"民法")对特留份扣减权作了较为完整的规定。

一、扣减权的性质

关于扣减权的性质,学者众说纷纭,主要有以下观点:

(一)抗辩权说

特留份的计算除加算特种赠与外,不包括生前的普通赠与,所以扣减的对象仅限被继承人的遗赠,且遗赠物尚未交付。扣减权的效力,殆以消极的作用为主,其性质应解为永久的抗辩权。侵害特留份部分的遗赠无效,特留份权利人得主张遗赠的无效,拒绝受遗赠人要求交付遗赠物的请求。(李宜琛:《现行继承法论》,商务印书馆1971年版,第134-135页,第140-141页)此观点有一漏洞,即只注意到遗赠物未交付的情形,一旦遗赠物交付给受遗赠人,则如何抗辩?

(二)债权说

扣减权属于一种债权,只能对特定的受遗赠人行使。(刘钟英:《民法继承释义》,上海法学编译社1946年版,第214页)侵害特留份的处分行为无效,若已交付遗赠物,则特留份权利人可向受遗赠人请求返还不当得利。果如此,即使没有"民法"第1225条的规定,特留份权利人仍可依有关不当得利的规定行使其权利了。(林秀雄:《继承法讲义》,台湾元照出版公司2009年版,第333页)

(三)债权的形成权说

遗赠已现物交付或虽非现物交付但已交付其价额的,则特留份权利人可按其特留份份额,撤销遗赠,请求遗赠财产的返还;未交付的,可表示请求扣减的意思,以拒绝交付。(胡长清:《中国民法继承论》,商务印书馆1971年版,第257页)。所谓撤销遗赠,即为扣减权的行使。

（四）形成权兼抗辩权说

特留份为继承财产的一部分，特留份权利人在保全特留份权利的必要范围内，得予以扣减，所以扣减权因权利人的扣减意思表示而发生效力，故属于形成权。同时，扣减权仅有消极的效力而已，故拒绝遗赠标的物的给付，应属于抗辩权。（戴炎辉、戴东雄：《继承法》，台湾三民书局，2003 年版，第 333 页，第 342 页）

（五）物权的形成权说

"民法"以法定继承为原则，法定继承人均有特留份，并以特留份为最小限度的法定应继份，被侵害特留份的部分当然归属于特留份权利人，且"民法"使用"得扣减之"的文字，而非"得请求扣减"，所以采纳物权的形成权说较为妥当。（陈棋炎、黄宗乐、郭振恭：《民法继承新论》，台湾三民书局 2010 年版，第 400 页）台湾地区"最高法院"2002 年台上 556 号判例也认为：被继承人因遗赠或应继份的指定，超过其所得自由处分财产的范围，而致特留份权利人应得之额不足特留份时，特留份扣减权利人得对扣减义务人行使扣减权，是扣减权在性质上属于物权之形成权。（林秀雄：《继承法讲义》，台湾元照出版公司 2009 年版，第 334 页）

二、扣减的标的

"民法"第 1225 条规定：应得特留份之人，如因被继承人所为之遗赠，致其应得之数不足者，得按其不足之数由遗赠财产扣减之。受遗赠人有数人时，应按其所得遗赠价额比例扣减。

依此规定，似乎扣减的对象仅限于被继承人的遗赠。但依"民法"第 1187 条的规定，遗嘱人在不违反关于特留份规定的范围内，得以遗嘱自由处分遗产，而以遗嘱自由处分遗产的情形并不仅限于遗赠一种，"民法"第 1065 条允许被继承人以遗嘱指定遗产分割的方法，这也属于处分遗产的一种方式。如果遗嘱人以遗嘱指定遗产分割的方法，或指定应继份而侵害特留份，自可类推适用"民法"第 1225 条的规定，允许被侵害特留份的权利人行使扣减权，也即遗产分割方法的指定和应继份的指定，均可作为扣减的标的。（戴炎辉、戴东雄：《继承法》，台湾三民书局 2003 年版，第 334 页；陈棋炎、黄宗乐、郭振恭：《民法继承新论》，台湾三民书局 2010 年版，第 401 页；史尚宽：《继承法论》，中国政法大学出版社 2000 年版，第 630 页）

关于被继承人生前所为的普通赠与，学者普遍认为第三人所受生前赠与或继承人所受特种赠与以外的赠与，既不算入应继财产，当然也不作为扣减的标的。（戴炎辉、戴东雄：《继承法》，台湾三民书局 2003 年版，第 334 页；陈棋炎、黄宗乐、郭振恭：《民法继承新论》，台湾三民书局，2010 年版，第 401 页；史尚宽：《继承法论》，中国政法大学出版社 2000 年版，第 631 页）司法实务中也持否定的解释。台湾地区"最高法院"1959 年台上字第 371 号判例认为：被继承人生前所为的赠与行为，与"民法"第 1187 条所定的遗嘱处分财产行为有别，即可不受关于特留份规定的限制。（林秀雄：《继承法讲义》，台湾元照出版公司 2009 年版，第 337 页）

关于被继承人生前所为的特种赠与，多数学者认为，生前特种赠与仅产生归扣问题，与特留份扣减权无关，并非扣减的标的。（戴炎辉、戴东雄：《继承法》，台湾三民书局，2003 年版，第 334 页；陈棋炎、黄宗乐、郭振恭：《民法继承新论》，台湾三民书局 2010 年版，第 401 页；史尚宽：《继承法论》，中国政法大学出版社 2000 年版，第 631 页）"特留份之规定仅系限制遗嘱人处分其死后之遗产，若当事人处其生前之财产，自应尊重当事人本人之意思，故关于当事人生前赠与其继承人之财产，其赠与原因若非第 1173 条所列举者，固不得算入应继财产中，即其为第 1173 条列举之原因，如赠与人明有不得算入应继遗产之意思表示，自应适用第 1173 条第 1 项但书之规定，而不得于法定之外，曲解特留份规定，复加何项限制。"（"司法院" 1932 年第 743 号解释）因此，对生前特种赠与，宜采否定说为妥。

关于死因赠与，通说认为，死因赠与是生前行为，故与遗赠有别，但就其在赠与人死亡时发生效力这一点上看，与遗赠无异，使其得行使扣减权，与"民法"立法精神并无抵触。（陈棋炎、黄宗乐、郭振恭：《民法继承新论》，台湾三民书局 2010 年版，第 405 页；史尚宽：《继承法论》，中国政法大学出版社 2000 年版，第 631 页；林秀雄：《继承法讲义》，台湾元照出版公司 2009 年版，第 339 页）特留份乃遗产的一部分，保障特留份权利人，仅以遗产及继承开始时存在的财产为扣减的对象，而死因赠与的财产，正属于继承开始时所存在的财产，将死因赠与作为扣减的标的之一，比较合理。

三、扣减权人及其相对人

（一）扣减权人

特留份被侵害的继承人，得行使扣减权，因此，特留份权人即为扣减权人。

如前所述，扣减权的性质为物权的形成权，属于财产权而非人身专属权，所以，扣减权可以作为继承的标的，即特留份权利人的继承人，亦得行使扣减权。同时，扣减权作为财产权，自然也可以让与，故特留份权利人的受遗赠人、应继份的受让人、个别的扣减权的受让人也可行使扣减权。（陈棋炎：《亲属、继承法基本问题》，台湾三民书局 1980 年版，第 488 页）

特留份权利人若怠于行使扣减权，其债权人为保全债权，可代特留份权利人之位行使扣减权。（林秀雄：《继承法讲义》，台湾元照出版公司 2009 年版，第 340 页）不仅如此，继承人破产时，其破产管理人，继承人不在时，其遗产管理人，也可代为行使扣减权。（陈棋炎：《亲属、继承法基本问题》，台湾三民书局 1980 年版，第 488 页）

（二）相对人

扣减权的行使，须向侵害特留份的人为之，则侵害特留份的人就是扣减权的相对人。因遗赠而侵害特留份时，相对人为受遗赠人；因指定应继份或遗产分割的方法而侵害特留份时，其相对人为得到利益的其他共同继承人；因死因赠与而侵害特留份时，相对人为受赠与人。

四、扣减的效力

经扣减的遗赠或死因赠与，其侵害特留份的部分，失去效力，已经履行的，特留份权利人可请求返还其标的物；没有履行的，受遗赠人或受赠与人不得请求交付，如果请求的，特留份权利人可拒绝其请求。

（一）当事人之间的效力

遗赠侵害特留份时，其侵害部分应属无效，但特留份权利人不知有侵害特留份的情形而交付遗赠物时，由于物权行为的无因性，此物权行为不受影响，只有特留份权利人行使扣减权后，才能使已交付的物权行为归于无效，再基于物上返还请求权请求回复已交付的标的物。（林秀雄：《继承法讲义》，台湾元照出版公司 2009 年版，第 342 页）标的物在扣减时已毁损或灭失的，其毁损或灭失是可归责于受遗赠人的，根据“民法”第 953 条的规定，善意受遗赠人仅以因毁损或灭失所受的利益为限，负赔偿责任；而根据“民法”第

128

956 条规定，受遗赠人为恶意的，除能证明标的物纵为特留份权利人占有仍不免毁损或灭失的以外，对于特留份权利人应负继承开始时标的物价额的损害赔偿的责任。

特留份权利人在继承开始后，明知其特留份被侵害，仍将遗赠物或死因赠与标的物交付给受遗赠人或受赠与人的，可认为特留份权利人抛弃了扣减权。（史尚宽：《继承法论》，中国政法大学出版社 2000 年版，第 640 页）由遗嘱执行人交付的，除继承人明知特留份被侵害而同意的以外，仍有回复请求权。（陈棋炎、黄宗乐、郭振恭：《民法继承新论》，台湾三民书局 2010 年版，第 411 页）

返还以原物为原则，但标的物为种类物的，可以同种同等之物返还；标的物为不可替代物时，应返还原物，但受遗赠人或受赠与人增加其价值的，可就增加部分请求偿还，减少其价值的，应补偿其减少的价额。

（二）对于第三人的效力

受遗赠人或受赠与人将遗赠或赠与的标的物让与他人的，如果该第三人在受让该标的物时，明知侵害特留份权利的，则特留份权利人可直接请求该第三人返还其标的物。（林秀雄：《继承法讲义》，台湾元照出版公司 2009 年版，第 344 页）只是受让遗赠或赠与标的物的第三人并非扣减权的相对人，因此，扣减权仍应由特留份权利人向受遗赠人或受赠与人行使，使遗赠或赠与的标的物复归于特留份权利人，再本着所有权人的身份向恶意第三人请求返还标的物。

如果第三人是善意的，则依"民法"规定可依善意受让即时取得该标的物的所有权，或者因信赖登记而受登记公信力的保护取得标的物的所有权。在这种情况下，特留份权利人仅得对受遗赠人或受赠与人请求侵权损害赔偿或不当得利的返还。（林秀雄：《继承

法讲义》，台湾元照出版公司 2009 年版，第 344 页）

　　受遗赠人或受赠与人在遗赠或赠与的标的物上为第三人设定权利的，如在不动产上设定抵押，此种情形，第三人如果是善意的，则可依信赖登记而受登记公信力的保护，特留份权利人仅得向受遗赠人或受赠与人请求赔偿因设定抵押而产生的损害，故第三人在该不动产上的权利不受影响。第三人如果是恶意的，则不受登记公信力的保护（陈棋炎、黄宗乐、郭振恭：《民法继承新论》，台湾三民书局 2010 年版，第 415 页），特留份权利人可行使扣减权，取回该遗赠或赠与的标的物。

陈琴峰

　　现执业于上海虹法律师事务所，曾在上海大学执教法律基础课多年。上海市律师协会港澳台业务研究委员会委员。擅长刑事辩护、企业法律事务咨询与涉及香港的法律业务。

132

香港公司的设立制度

陈琴峰

在大陆，很多做公司的人都有深切的体会，要设立一家公司是相当复杂和艰难的。

作为公司的发起人，除了要筹措足够的注册资金，还要去选择合适的办公场所，招募适当的办公人员，更可能为公司设立过程中碰到的种种问题要摆平方方面面的关系。

公司开出来了，但公司所需的日常办公开支和事务，足以让准备充足的实干家感觉力不从心，常常发生资金周转方面的问题，很多公司会在成立后的一年甚至半年之内倒闭。

这样的经历，可能让一个原先充满奋斗精神的企业工作者遭受经济和精神的双重打击。

但事情其实可以不这样发生和发展。

如果你愿意放下思维的包袱，抱着开放的心态了解"一国两制"下香港特别行政区的公司设立制度，便会尝到轻轻松松、自自在在设立公司的滋味。原来，自由港经济的模式是可以这样自由地按照人们的想象而设立的，这不能不让人感叹经济体制存在的巨大差异。

一、简单快捷地成立

1. 一般在香港设立一家公司，只需两周左右的时间。注册资金多少由设立公司的人自己决定，香港政府规定最低注册资金为10000港币。在设立过程中并不需要验资，只是政府会根据注册资金的大小来收取相应的厘印税。

如果购买空壳公司，速度则更快，几天就可完成。

专业的公司设立代理机构，会提供注册地址、秘书服务、全套文件包括公司章程的起草、刻制印章等，并在最短时间里把所有注册文件快递到你手上。而作为公司的股东或发起人，你只需拿起印章，在那些还没有准备妥当的文件上，尝试盖章签名的快乐，享受小小付出得到的大大回报。

2. 整个公司的办理过程，除了时间快，费用也相当低廉。大多数代理机构收取的费用不会超过一万港币，有的甚至只收五六千。值得一提的是，在这低廉的价格中，已经包含了政府第一年所收的费用，以及代理机构为你提供的第一年有效接受信件的地址费用、普通的秘书服务费用及电话、传真号码等，在香港那些秘书公司甚至把设立公司叫做批发公司，因为是薄利多销的缘故。他们注重的是后续服务费用。因为绝大多数公司不会在短期内关闭，所以以后每年都会有服务需要提供，而那时会计师行或秘书公司就会得到他们培养出来的公司垂青，无论公司经营状况如何，都会按经营状况不同或多或少呈上所需的服务费用。香港的会计师行及秘书公司也因为这第二杯、第三杯羹获得稳定而不菲的收入。

3. 设立香港公司的另一个优点是公司的名称没有太多限制，原则上没有取过的都可以取，比如什么总商会啊、律师事务所公司啊、集团啊等，而中国大陆要取名集团公司，没有上千万的注册资金是不可能的。

　　无论你是中国香港人还是台湾人、大陆人，或是非洲人、美国人，一切都无关紧要，重要的是，你是在香港合法注册的公司老板了，从一开始你就是名副其实的老板，因为根据香港法律，公司秘书必须具备香港公民身份或是在香港登记注册的公司。也就是说，从公司成立的那一刻起，就有一个香港公民或公司受到你的聘用（也就是这个秘书，当你不在香港之时，为你接收各类信件电话，并会把信息及时传递给你），所以香港政府的相关部门（比如香港贸发局）都会在平等的框架下，为你的公司提供展示和发展的机会。

　　二、轻松自如地维护

　　公司正常运作开始了。由于前期无需再考虑什么办公费用问题，你便可以集中精力构想公司的经营，并尝试多种可能性（香港公司的经营范围也较少受到限制），从房地产到国际贸易，哪一行可以让你打开局面，你就可以从事哪一行（当然一些专业公司可能还需要去拿些专业的牌照才可经营）。

　　如果刚开始你缺少经验，公司的运作处于停滞状态，那也不必太担心，你大可以慢慢孵化你的公司，让它成长起来。因为每一年只需不到一万港币的维护费用，你就可以继续拥有此家公司存续权利，包括政府每年收取的年报费，商业登记证的延续费，以及公司的住址费，公司秘书费和会计师的审核费等等。

　　与大陆公司要么赚钱，要么赔本关闭相比，香港公司似乎还存在第三条道路，就是可以在等待徘徊中寻找机会发展。由于维护公司企业成本低廉，在香港注册的很多公司并不急于在一开始就赚钱，而因为有了这种尝试的机会，使得大多数香港公司都会慢慢地成为某个行业专业性较强的企业。

　　如果你经营有方，每年向香港政府缴纳一定的税收，你还可以以自雇人士身份向入境事务处申请工作签证，而此签证连续七年便可以申请香港永久性居民。原则上讲，投资移民香港一千万港币（还有其他方式的移民），和运作公司取得工作签证获得永久居民身份一样都需经过七年的时间，而公司运作移居香港的方式大大降低了成本。

三、自由港经济的缩影

有人觉得香港公司听上去有点像皮包公司，既不须验资，也可以不独立租赁办公室，有的秘书公司可以帮助上百家甚至更多的公司注册在同一个地址上，那么香港公司的可信度有多大呢？众所周知，香港公司在国际上的地位和声誉可能超过大陆的企业。理由很多。

香港政府实行外松内紧，较为人性化的管理制度，每年企业需要年报，财务需要年审，商业登记证要延续，但只收取少量费用，且企业过时年报将导致严肃的罚款并可能遭到检控。

香港税率低税种少，香港成立公司，一般只需要交两种税：一种是一次性的注册资本厘印税，税率是1/1000；另一种是利得税，税率是17.5%，这是根据实际是否盈利（纯利）来计算的，企业不赢利，不交税。这样的环境有利于企业抵抗风险，从容走出自己的道路。

香港的物品、人流进出都比较自由。人流进出自由，体现在香港和100多个国家有免签证协议，例如香港公民去英国加拿大等国，三个月以内不需签证；物流进出自由主要体现在货物进出不征关税（除了烟酒），资金进出自由体现在香港没有外汇管制，各种外币可以随时兑换。所以香港公司在国际交往上得到实际的好处，国际贸易经验丰富。很多大陆无法直接得到的国外的产品和信息，在香港可以直接找到。香港更是亚洲的金融中心，商家更乐意利用香港银行收发信用证。

　　香港公司的体制是香港自由港经济体制的缩影，也是香港高水平管理模式的具体体现，通过这个层面，我们可以感觉香港特区制定各种经济政策时收放自如的大家风范。

　　四、国际化的视野和背景

　　其实香港的公司设立制度可以放在一个更为广阔的离岸架构中去考察和理解。近年来维尔京群岛 (BVI)、开曼群岛、萨摩亚等纷纷以法律手段推出一些特别宽松的经济区域，以吸引国际人士在那里成立一种国际业务公司。这些区域称为离岸司法管辖区，香港属于其中一个；这些公司称为离岸公司。

　　离岸公司是指公司注册在离岸司法管辖区，但公司投资人不需亲临当地经营，而公司业务可在世界任何地方直接开展的公司。

　　离岸公司在财务运作上极其方便，几乎所有的国际大银行都承认这类公司，如美国的大通银行、香港的汇丰银行、新加坡发展银行等。

　　离岸管辖区政府只向离岸公司征收年度管理费，除此之外，没有其他任何税款。几乎所有离岸管辖区都明文规定：公司的股东资料、收益状况等，如股东不愿意，可以不对外披露，享有充分的保密权利。

　　离岸公司的种种好处，香港公司基本都有，这无疑开拓了大陆商户的视野，也是对大陆经济体制一个很好的补充。所以，在香港设立公司是快速融入国际经济大家庭的一个简单而有效的途径。

范嬛菁

　　现执业于上海市华益律师事务所。上海市律师协会港澳台业务研究委员会委员，上海世博会法律志愿者，被司法局评为法律援助先进个人。有全国注册税务师执业资格，任多家企业常年法律顾问和财税顾问，多角度提供法律服务，善于通过调解和仲裁等方式解决纠纷。

后 ECFA 时代台商投资大陆的税法问题研究

范嬛菁

一、ECFA 概述

（一）ECFA 协议的主要内容

2010 年 6 月 29 日，海峡两岸交流协会与财团法人海峡交流基金会在重庆签订《海峡两岸经济合作框架协议》（ECFA），9 月 12 日，协议正式生效。这标志着两岸在贸易、投资、经济合作等领域的发展进入了制度性安排的新阶段。

ECFA 包括序言、5 章，共 16 条，以及 5 个附件；正文主要有 6 方面内容，货物贸易、服务贸易、投资、知识产权保护与合作、早期收获和争端解决。

1. 货物贸易、服务贸易及其早期收获计划

为兼顾长远性和现实性，ECFA 一方面规定，在不迟于协议生效后 6 个月内分别就货物贸易协议和服务贸易协议展开磋商，并尽速完成；另一方面，制订了货物贸易和服务贸易的早期收获计划。前者于"协议生效后 6 个月内实施"，并在不超过 2 年内最多分 3 次实现零关税，后者于"协议生效后尽速实施"。所谓早期收获，通常指在区域经贸协定中，为全面实施经济合作框架协议，使各方尽早享受一体化的好处，对部分产品和服务有步骤地先行实施降税

和开放等措施。ECFA 早期收获包括货物贸易和服务贸易。货物贸易方面，大陆将对台湾的 6 类 539 项产品实施降税，包括农产品（18项）、石化产品（88 项）、机械产品（107 项）、纺织产品（136 项）、运输工具（50 项）和其他产品（140 项）；台湾将对大陆的 5 类 267项产品实施降税，包括石化产品（42 项）、机械产品（69 项）、纺织产品（22 项）、运输工具（17 项）和其他产品（117 项）。具体降税安排为：大陆方面，2009 年税率在 5% 及以下的，计划实施第一年降为 0；2009 年税率在 5% 以上 15% 及以下的，后 2 年分别降为5%、0；2009 年税率在 15% 以上的，后 3 年分别降为 10%、5%、0。台湾方面，2009 年税率在 2.5% 及以下的，计划实施第一年降为 0；2009 年税率在 2.5% 以上 7.5% 及以下的，后 2 年分别降为 2.5%、0；2009 年税率在 7.5% 以上的，后 3 年分别降为 5%、2.5%、0。

服务贸易方面，大陆将在 11 个领域对台湾扩大开放，包括银行、证券期货、保险 3 项金融业以及会计审计簿记、电脑、自然科学与工程学研发、会议、专业设计、取消台湾华语电影片进口配额限制、医院和飞机维修保养等 8 项非金融业。台湾将在 9 个领域对大陆扩大开放，包括研发、会议、展览、特制品设计、大陆华语与合拍电影片、经纪商、运动休闲、空运电脑订位系统以及银行业。

2. 计划达成专门的投资协议

作为一项重要安排，ECFA 明确规定双方要在协议生效 6 个月后达成投资协议，且投资协议至少包括四方面内容：建立投资保障机制、提高投资相关规定的透明度、逐步减少双方相互投资的限制、促进投资便利化。上述四方面内容涉及投资准入、投资待遇等当前国际投资领域最主要、最核心的内容。因此，如果两岸达成投资协议，不仅将为两岸直接投资奠定制度性基础，也将使 ECFA 的体系更加

140

全面和完整。

3. 加强知识产权保护与合作

作为 ECFA 经济合作领域的一项重要内容，ECFA 不仅明确要"加强知识产权保护与合作"，还同时专门签订了《海峡两岸知识产权保护合作协议》。根据《合作协议》，两岸将加强专利、商标、著作权及植物新品种等知识产权保护方面的交流与合作，协议还明确了专利、商标及植物新品种权的优先权利，著作权认证合作机制，知识产权执法合作机制等重要方面，涵盖了知识产权保护的主要方面。

4. 建立争端解决机制

ECFA 规定海峡两岸应不迟于《海峡两岸经济合作框架协议》实施后六个月内就建立适当的争端解决程序展开磋商，并尽速达成协议，以解决任何关于《海峡两岸经济合作框架协议》解释、实施和适用的争端。在争端解决协议实施前，任何关于《海峡两岸经济合作框架协议》解释、实施和适用的争端，应由海峡两岸通过协商解决或由根据《海峡两岸经济合作框架协议》设立的海峡两岸经济合作委员会以适当方式加以解决。（袁海勇：《ECFA 的法律评析和若干思考》）

（二）ECFA 对台湾地区的经济利益影响

台湾地区中华经济研究院以 GTAP 模型研究两岸签署 ECFA 对台湾地区经济之影响，研究结果显示，签署后台湾地区 GDP、进出口、贸易条件、社会福利均呈现正成长，整体经济成长率将增加 1.65%-1.72%、总就业人数将增加 25.7-26.3 万人，对总体经济有明显正面效益，全民皆可分享此经济成长的果实。

签署后对台湾地区的利益还包括：取得领先竞争对手进入大陆

市场之优势；吸引外人来台投资，有利台湾地区经济结构转型；成为外商进入大陆市场之优先合作伙伴及门户；有助于产业供应链根留台湾地区；有助于大陆台商增加对台采购及产业竞争力；有助于加速台湾地区发展成为产业运筹中心。（许智胜：《ECFA 对台商大陆布局的影响——以护肤化妆品行业为例》）

（三）ECFA 对台商投资大陆的影响

1.ECFA 再促台商投资大陆的新热潮

受国际金融危机冲击与大陆经济环境变化影响，尤其是 ECFA 的签署给海峡两岸的经济合作创造了新的契机，促成新一波台商对大陆投资热。

2010 年，不论是台商投资项目，还是投资金额，均出现显著增长。依台湾"经济部"统计，2010 年，批准台商对大陆投资金额突破 100 亿美元，达 133 亿美元，增长 1 倍以上，创历史新高。上市（柜）公司对大陆投资创新高。据台湾"金管会"统计，2010 年 1-9 月，台湾上市（柜）公司对大陆投资金额累计达到 1.88 万亿元新台币，较 2009 年底增加了 1563 亿元。依大陆商务部统计，同年 1-10 月，大陆批准台商投资项目 2366 个，同比增长 19.9%；实际利用台资金额 19.9 亿美元，同比增长 39.3%，历年累计实际利用台资首次突破 500 亿美元大关，达到 515.3 亿美元。

2.后 ECFA 时代台商投资大陆的新变化

这一波台商对大陆投资热与过去有所不同的是，台资企业的增资扩大生产规模成为主流。2010 年，台商新增对大陆投资金额约占四成，扩产增资金额约占六成，扩大再生产的增资型投资成为新主流。

台商投资区域布局出现重大变化与调整，台资企业加速内迁，西部成渝、中部豫鄂湘、海西福建与广西北部湾等成为新的投资热点地区。同时投资产业与投领域也出现新的发展趋势。以电子零组件、LED、半导体、面板等为主的高科技产业仍然是台商投资的重点。尤其是台湾当局对高科技产业投资大陆政策放宽后，台湾两大核心高科技产业半导体与面板产业台商登陆步伐加快。水泥、玻璃、石化、汽车等传统产业投资持续增加。2010 年成为台商大举进入大陆房地产市场最为快速的一年。尽管大陆不断出台政策遏制房价快速上涨，但在台湾当局投资政策放宽后，台湾房地产公司纷纷进军大陆房地产市场，远雄、乡林建设与国泰建设等 3 家知名上市企业一年内申请投资金额达 4 亿美元。两岸签署金融合作协议与 ECFA 后，金融业投资成为台商大陆投资的又一新领域。台湾金融机构纷纷加快布局大陆，金融业投资迅速增加（引自陈险峰：《ECFA 效应下台商大陆投资新趋势》）。

二、后 ECFA 时代台商投资大陆的税收法律环境

（一）我国现行的税收法律制度

改革开放 30 年来，经过几次较大的改革，我国税收制度日臻完善。改革开放初期的税制改革是以适应对外开放需要，建立涉外税收制度为突破口的。后来，又先后分两步实施国营企业"利改税"改革，把国家与企业的分配关系以税收的形式固定下来。1994 年，国家实施了新中国成立以来，规模最大、范围最广、成效最显著、影响最深远的一次税制改革。这次改革围绕建立社会主义市场经济体制的目标，积极构建适应社会主义市场经济体制要求的税制体系。2003 年以来，按照科学发展观的要求和十六届三中全会的部署，围绕完善社会主义市场经济体制和全面建设小康社会的目标，分步实施了税制改革和出口退税机制改革。几经变革，目前共有增值税、消费税、营业税、企业所得税、个人所得税、资源税、城镇土地使

用税、房产税、城市维护建设税、耕地占用税、土地增值税、车辆购置税、车船税、印花税、契税、烟叶税、关税、船舶吨税、固定资产投资方向调节税等税种，其中 16 个税种由税务部门负责征收。固定资产投资方向调节税国务院决定从 2000 年起暂停征收。关税和船舶吨税由海关部门征收，另外，进口货物的增值税、消费税由海关部门代征。

（二）我国现行税制中台商应当缴纳的税种

台商及其投资兴办的企业的纳税事宜，参照外籍人员、外商投资企业办理。我国现行税制中适用于台商的税种具体如下：

1. 增值税

对在大陆境内销售货物或者提供加工、修理修配劳务以及进口货物的单位和个人征收。增值税纳税人分为一般纳税人和小规模纳税人。对一般纳税人，就其销售（或进口）货物或者提供加工、修理修配劳务的增加值征税，基本税率为 17%，低税率为 13%，出口货物为 0%（国务院另有规定的除外）；对小规模纳税人，实行简易办法计算应纳税额，征收率一般为 3%。增值税的纳税期限分别为 1 日、3 日、5 日、10 日、15 日、1 个月或者 1 个季度。纳税人的具体纳税期限，由主管税务机关根据纳税人应纳税额的大小分别核定；不能按照固定期限纳税的，可以按次纳税。纳税人以 1 个月或者 1 个季度为 1 个纳税期的，自期满之日起 15 日内申报纳税；以 1 日、3 日、5 日、10 日或 15 日为 1 个纳税期的，自期满之日起 5 日内预缴税款，于次月 1 日起 15 日内申报纳税并结清上月应纳税款。

2011 年 10 月 26 日国务院常务会议决定，为进一步解决货物和劳务税制中的重复征税问题，完善税收制度，支持现代服务业发展，从 2012 年 1 月 1 日起，在部分地区和行业开展深化增值税制度改革试点，逐步将目前征收营业税的行业改为征收增值税，同时在现行增值税17%标准税率和13%低税率基础上，新增11%和6%两档低税率。此次改革将率先在上海市交通运输业和部分现代服务业等开展试点，条件成熟时可选择部分行业在全国范围进行试点。试点期间原归属试点地区的营业税收入，改征增值税后收入仍归属试点地区。试点行业原营业税优惠政策可以延续，并根据增值税特点调整。纳入改革试点的纳税人缴纳的增值税可按规定抵扣。

2. 消费税

对在大陆境内生产、委托加工和进口应税消费品的单位和个人征收。征税范围包括烟、酒和酒精、化妆品、贵重首饰和珠宝玉石等14个税目。消费税根据税法确定的税目，按照应税消费品的销售额、销售数量分别实行从价定率、从量定额或者从价定率和从量定额复合计税的办法计算应纳税额。消费税的纳税期限与增值税的纳税期限相同。

3. 营业税

对有偿提供应税劳务、转让无形资产和销售不动产的单位和个人征收。应税劳务包括交通运输业、建筑业、金融保险业等9个税目。营业税按照应税劳务或应税行为的营业额或转让额、销售额依法定的税率计算缴纳。除了娱乐业实行20%（其中台球、保龄球适用5%）的税率外，其他税目的税率为3%或5%. 营业税的纳税期限与增值税、消费税基本相同。

4. 企业所得税

对大陆境内的一切企业和其他取得收入的组织（不包括个人独资企业、合伙企业），就其来源于大陆境内外的生产经营所得和其他所得征收。企业所得税以企业每一纳税年度的收入总额，减除不征税收入、免税收入、各项扣除以及允许弥补以前年度亏损后的余额，为应纳税所得额。企业所得税的税率为25%.企业所得税按纳税年度计算，纳税年度自公历1月1日起至12月31日止。企业所得税实行按月或按季预缴、年终汇算清缴、多退少补的征收办法。即企业应当自月份或者季度终了之日起15日内，向税务机关报送预缴企业所得税纳税申报表，预缴税款。企业应当自年度终了之日起5个月内，向税务机关报送年度企业所得税纳税申报表，并汇算清缴，结清应缴应退税款。

5. 个人所得税

以个人取得的各项应税所得（包括个人取得的工资、薪金所得，个体工商户的生产、经营所得等11个应税项目）为对象征收。其中，工资、薪金所得适用3%至45%的七级超额累进税率，个体工商户（注：个人独资企业和合伙企业投资者比照执行）的生产、经营所得和对企事业单位的承包经营、承租经营所得适用5%至35%的五级超额累进税率。纳税期限是：扣缴义务人每月所扣和自行申报纳税人每月应纳的税款，在次月7日内缴入国库；个体工商户的生产、经营所得应纳的税款，按年计算，分月预缴，年度终了后3个月内汇算清缴，多退少补；对企事业单位的承包经营、承租经营所得应纳的税款，按年计算，年度终了后30日内缴入国库；从中国境外取得所得的，在年度终了后30日内，将应纳的税款缴入国库。年所得12万元以上的纳税人，在年度终了后3个月内自行向税务机关进行纳税申报。

6. 资源税

对各种应税自然资源征收。征税范围包括原油、天然气、煤炭、其他非金属矿原矿、黑色金属矿原矿、有色金属矿原矿、盐等7大类。

资源税的应纳税额，按照从价定率或者从量定额的办法，分别以应税产品的销售额乘以纳税人具体适用的比例税率或者以应税产品的销售数量乘以纳税人具体适用的定额税率计算。

7. 城镇土地使用税

以在城市、县城、建制镇和工矿区范围内的土地为征税对象，以实际占用的土地面积为计税依据，按规定税额对使用土地的单位和个人征收。其税额标准按大城市、中等城市、小城市和县城、建制镇、工矿区分别确定，在每平方米 0.6 元至 30 元之间。土地使用税按年计算、分期缴纳。

8. 房产税

以城市、县城、建制镇和工矿区范围内的房屋为征税对象，按房产余值或租金收入为计税依据，向产权所有人征收的一种税。自 2009 年 1 月 1 日起，我国废止《城市房地产税暂行条例》，外商投资企业、外国企业和组织以及外籍个人（包括港澳台资企业和组织以及华侨、港澳台同胞）依照《房产税暂行条例》（国发［1986］90 号）缴纳房产税。其税率分为两类：按照房产余值计算应纳税额的，适用税率为 1.2%；按照房产租金收入计算应纳税额的，适用税率为 12%，但个人按市场价格出租的居民住房，减按 4% 的税率征收。房产税按年征收、分期缴纳。

为进一步完善房产税制度，合理调节居民收入分配，正确引导住房消费，有效配置房地产资源，根据国务院第 136 次常务会议有关精神，上海市和重庆市于 2011 年 1 月 28 日起对个人住房试点征收房产税。上海征收对象为本市居民家庭在本市新购且属于该居民家庭第二套及以上的住房（包括新购的二手存量住房和新建商品住房）和非本市居民家庭在本市新购的住房，税率暂定 0.6%，应税住房每平方米市场交易价格低于本市上年度新建商品住房平均销售价格 2 倍（含 2 倍）的，税率暂减为 0.4%。重庆征收对象是个人拥有的独栋商品住宅，个人新购的高档住房，在重庆市同时无户籍、无企业、无工作的个人新购的第二套（含）以上的普通住房，税率为 0.5%–1.2%。除此之外的个人所有非营业用的房产继续享受房产税免税优惠政策。

9. 城市维护建设税

对缴纳增值税、消费税、营业税的单位和个人征收。它以纳税人实际缴纳的增值税、消费税、营业税为计税依据，区别纳税人所在地的不同，分别按 7%（在市区）、5%（在县城、镇）和 1%（不在市区、县城或镇）三档税率计算缴纳。城市维护建设税分别与增值税、消费税、营业税同时缴纳。对外商投资企业、外国企业及外籍个人（包括港澳台资企业和组织以及华侨、港澳台同胞）2010 年 12 月 1 日（含）之后发生纳税义务的增值税、消费税、营业税（以下简称"三税"）征收城市维护建设税和教育费附加；对外资企业 2010 年 12 月 1 日之前发生纳税义务的"三税"，不征收城市维护建设税和教育费附加。

10. 耕地占用税

对占用耕地建房或者从事其他非农业建设的单位和个人，依其占用耕地的面积征收。其税额标准在每平方米 5 元至 50 元之间。纳税人必须在经土地管理部门批准占用耕地之日起 30 日内缴纳耕地占用税。

11. 土地增值税

以纳税人转让国有土地使用权、地上建筑物及其附着物所取得的增值额为征税对象，依照规定的税率征收。它实行 4 级超率累进税率，税率分别为 30%、40%、50%、60%。纳税人应当自转让房地产合同签订之日起 7 日内向房地产所在地主管税务机关办理纳税申报，并在税务机关核定的期限内缴纳土地增值税。由于涉及成本确定或其他原因，而无法据以计算土地增值税的，可以预征土地增值税，待项目全部竣工，办理结算后再进行清算，多退少补。

12. 车辆购置税

对购置汽车、摩托车、电车、挂车、农用运输车等应税车辆的单位和个人征收。车辆购置税实行从价定率的方法计算应纳税额，税率为 10%。计税价格为纳税人购置应税车辆而支付给销售者的全部价款和价外费用（不包括增值税）；国家税务总局参照应税车辆市场平均交易价格，规定不同类型应税车辆的最低计税价格。纳税人购置应税车辆的，应当自购置之日起 60 日内申报纳税并一次缴清税款。

13. 车船税

以在大陆境内依法应当到车船管理部门登记的车辆、船舶为征税对象，向车辆、船舶的所有人或管理人征收。分为载客汽车、载货汽车等五大税目。各税目的年税额标准在每辆 24 元至 660 元，或自重（净吨位）每吨 3 元至 120 元之间。车船税按年申报缴纳。自 2012 年 1 月 1 日起开始执行《中华人民共和国车船税法》，车船税的税目税额将发生重大变化，新的税目税额表确定车船具体适用税额时，乘用车应当依排气量从小到大分档递增税额，客车应当依照大型、中型分别确定适用税额，机动船舶应当按照自重（净吨位）分别确定适用税额，游艇应当按照艇身长度分别确定适用税额等。

14. 印花税

对经济活动和经济交往中书立、领受税法规定的应税凭证征收。

印花税根据应税凭证的性质，分别按合同金额依比例税率或者按件定额计算应纳税额。比例税率有 1‰、0.5‰、0.3‰和 0.05‰四档，比如购销合同按购销金额的 0.3‰贴花，加工承揽合同按加工或承揽收入的 0.5‰贴花，财产租赁合同按租赁金额的 1‰贴花，借款合同按借款金额的 0.05‰贴花等；权利、许可证等按件贴花 5 元。印花税实行由纳税人根据规定自行计算应纳税额，购买并一次贴足印花税票的缴纳办法。

15. 契税

以出让、转让、买卖、赠与、交换发生权属转移的土地、房屋为征税对象征收，承受的单位和个人为纳税人。出让、转让、买卖土地、房屋的税基为成交价格，赠与土地、房屋的税基由征收机关核定，交换土地、房屋的税基为交换价格的差额。税率为 3% ~ 5%。纳税人应当自纳税义务发生之日起 10 日内办理纳税申报，并在契税征收机关核定的期限内缴纳税款。

以上是中国现有税种的大致介绍。需要说明的是，尽管中国税法规定有诸多税种，但并不是每个纳税人都要缴纳所有的税种。纳税人只有发生了税法规定的应税行为，才需要缴纳相应的税收，如果没有发生这些应税行为，就不需要缴纳相应的税收。从实际情况来看，规模比较大、经营范围比较广的企业涉及的税种一般在 10 个左右，而大多数企业缴纳的税种在 6-8 个。

（三）海峡两岸税收关系协调制度的初步探索实践

受历史、政治、文化和制度环境的影响，海峡两岸税收关系特殊复杂，双重课税和逃避纳税义务问题较为突出。目前，大陆与台湾之间尚没有像大陆与香港之间签署的《内地和香港特别行政区关于对所得避免双重征税和防止偷漏税的安排》之类的文件，海峡两岸对经贸交流所带来的税收关系问题主要通过双方自行公布的政策来处理。进入21世纪以来，海峡两岸进行了积极有效的政治对话和理论研讨，为包括双重征税在内的阻碍海峡两岸经贸发展的诸多问题进行了初步的、局部性的探索。

2006年9月18日，中共中央台办与中国国民党台商服务联系中心在第二次保护台商合法权益工作会谈中达成十项共同意见，其中第三项就是"关于台商税赋问题。大陆有关部门将继续推进依法治税，贯彻落实鼓励台商投资的各项税收优惠政策，加强对台商进行税收政策及法规的宣传。双方促进避免对已依法纳税的企业和个人所得在两岸重复征税，对台商个人所得税的核算方式进行深入研究"，从而开了两岸税收协调的第一步。2007年7月25日，双方在第三次保护台商合法权益工作会谈中又达成十项共同意见，其中第七项提出了"适时做好税制调整等工作"的主张。2008年11月4日，海协会与海基会在台北正式签署了《海峡两岸海运协议》。该协议第六条规定："双方同意对航运公司因参与两岸船舶运输而在对方取得的运输收入，互相免征营业税和所得税。"这在两岸税收协调上具有划时代的意义。2009年4月26日，海协会与海基会在南京签署的《海峡两岸空运补充协议》。该补充协议第七条规定："双方同意在互惠的基础上，磋商对两岸航空公司与经营活动有关的设备和物品，相互免征关税、检验费和其他类似税费，具体免税费项目及商品范围由双方共同商定，并对两岸航空公司参与两岸航空运输在对方取得之运输收入，相互免征营业税及所得税。"2010年9月6日，财政部、国家税务总局发布《关于海峡两岸空中直航营业税和企业所得税政策的通知》（财税[2010]63号），明确了海峡两岸空中直航业务的相关税收政策。（厦门市国家税务局课题组《海峡两岸税收协调问题研究》）2010 年 6 月 29 日，海协会与海基会在重庆签订 ECFA，其中的早期收获计划明确了对部分产品和服务有步骤地先行实施降税和开放等措施。

三、后 ECFA 时代台商投资大陆中的财税制度约束问题

虽然海峡两岸在税收关系协调方面已经做出了初步有益的探索和实践，ECFA 协议的签订也推进了两岸经贸关系的制度化发展，尤其是早期收获计划中关于关税减免的规定，开启了两岸关税壁垒消除的新篇章。但由于中国大陆与中国台湾地区的税制不同，以及在税收管辖权领域存在的冲突，给两岸企业的投资与经营造成了财税制度上的约束，亟待解决。

（一）双重征税和不正当避税问题

海峡两岸税收管辖权交叉重合、所得认定标准不一，税务部门之间缺乏税收情报交流机制，从而导致两岸跨境所得重复征税和不正当避税问题突显。大陆对所得征税实行地域税收管辖权和居民税收管辖权；台湾地区对营利事业所得也同时行使两种税收管辖权，对个人综合所得只采用地域税收管辖权，但对两岸所得却兼行地域和居民两种税收管辖权。税收管辖权的重叠使重复征税成为必然，违背了税收公平和税收中性原则，制约了两岸经济合作的发展。目前，虽然大陆的《企业所得税法》、《个人所得税法》和台湾地区实行的《台湾地区与大陆地区人民关系条例》（2009）、《所得税法》（2010）中都分别有税收抵免的规定，但是税收抵免的真正实施有赖于两岸税务部门对纳税人在对岸所获取的所得及其税务资料的清楚掌握。然而，在两岸税务信息交换并不畅通的当下，两岸税务部门难以清楚、准确地了解纳税人来源于对岸的所得及其纳税情况，从而很难有效地进行税收抵免工作，很难避免重复征税。（引自刘蓉、李建军：《海

峡两岸经济合作与财税制度调整》）同时，税务部门无法获得互通关联企业及独立成交价等方面的调查资料，这使得企业不正当避税较难规避。

不仅如此，由于海峡两岸尚未就避免双重征税和防止偷漏税等问题达成过一致的安排或措施，新《企业所得税法》实施后，台商在大陆投资所得的股息、红利等需要按照 10% 的税率交纳预提所得税。但按照《内地与香港特别行政区关于所得税避免双重征税和防止偷漏税的安排》的规定，香港公司从其拥有 25% 以上股份的内地公司取得的股息，可以减按 5% 的税率缴纳预提税。相比港商而言，台商的税负较重，这造成了某种程度上的不公平，不利于台商在大陆的投资。为适应新《企业所得税法》，有些台商也在积极的进行股权变更，通过将大陆的股权转让给香港的控股公司，使台商在大陆的独资企业转变成港资企业，从而可以享受按照 5 %的税率交纳预提所得税的税收优惠。

（二）税收优惠与税收饶让问题

税收饶让亦称"虚拟抵免"和"饶让抵免"，指居住国政府对其居民在国外得到减免税优惠的那一部分，视同已经缴纳，同样给予税收抵免待遇不再按居住国税法规定的税率予以补征。税收饶让是在对国际重复征税采用抵免法给予免除的条件下产生的，但它所免除的不是国际重复征税，而是并未向非居住国缴纳过的税收，它实际上是对跨国纳税人的一种税收优惠。税收饶让这种特殊的抵免，主要用于发达国家发展中国家。发展中国家以税收优惠政策来吸引外资和先进技术，为保证其税收优惠真正落实到跨国纳税人身上，要求发达国家实行税收饶让给予配合，这通常需要通过签订双边税收协定的方式予以确定。由于海峡两岸没有税收饶让的安排或措施，使得台商将从大陆得到的税收优惠返回台湾时得不到相应的抵免，结果只是将税收利益从大陆转移到台湾，税收优惠对于纳税人而言没有实际意义。

四、建议与思考

（一）签订有关避免双重征税、偷漏税和税收饶让的协议

目前由于海峡两岸税制的差异、缺乏类似于《内地与香港特别行政区关于所得税避免双重征税和防止偷漏税的安排》的税收协调文件，以及税收情报交换机制等原因，两岸跨境所得重复征税和不正当避税问题无法得到理性地解决。ECFA 的签署使得两岸经济进入制度化合作的新时代，两岸经济进入了双向、直接投资的新阶段，双方税法中都存在减免税收的优惠政策，但由于海峡两岸间缺乏税收饶让的安排或措施，纳税人无法真正享受税收优惠的利益。为保护台商以及大陆投资者的利益，可以考虑先通过民间组织协商签订关于避免双重征税、防止偷漏税和税收饶让的协议，通过两岸间税收协议的方式来解决两岸经济合作中的财税制度的障碍和问题。

（二）加强税务合作交流

海峡两岸缺乏税务合作交流也是导致两岸跨境所得重复征税和不正当避税问题的重要原因之一。海峡两岸税收协议只是解决两岸税收问题的依据，而问题的真正解决还需要落实到实施阶段，这就需要海峡两岸加强税务合作交流。通过税务信息交流，建立健全税务情报交换运作机制和执行机构，为做好税收抵免，避免重复征税和不正当避税工作提供重要的税务资料。

周礼轩

　　现执业于上海市浦栋律师事务所。华东政法学院法学学士，爱丁堡大学法学硕士，伦敦大学学院（UCL）公共政策硕士。上海市律师协会港澳台业务研究委员会委员。擅长公司法、外商投资、劳动法。

上海与香港法院小额争议处理对比

周礼轩

2011 年 3 月，最高人民法院下发《关于部分基层人民法院开展小额速裁试点工作的指导意见》，在全国的 90 家法院进行小额速裁的试点工作（最高人民法院官方网站报道：http://www.court.gov.cn/xwzx/fyxw/zgrmfyxw/201104/t20110413_19495.htm）2011 年 5 月上海高级人民法院下发《上海法院小额速裁试点工作实施细则（试行）》（以下简称《实施细则》），对于金额较小，争议不大的案件，可以采用快速裁定的方式，简化诉讼程序，便于诉讼当事人和法院以高效率、低成本解决争议。自 2011 年 5 月 1 日起，上海的浦东、杨浦、宝山、金山 4 家基层法院已经率先开展小额速裁的试点工作。（新民晚报电子版报道：http://xmwb.xinmin.cn/xmwb/html/2011-04/29/content_688406.htm）

目前在全国法院推进的小额速裁审判方式的试点工作，实际上是我国法院借鉴法律发达地区的经验，并在此基础上结合国内实际情况而进行的一种有益的尝试。例如在我国的香港地区，针对小额的债务纠纷，设有专门的"小额钱债审裁处"（Small Claims Tribunal）。

无论是上海还是香港的法院，都希望通过灵活的司法处理方式，快速而低成本的解决当事人之间的小金额争议，提高司法效率并同时需要兼顾公平。尽管目前中国的小额速裁制度只是在上海等部分地区试点，且相关的配套制度也并不完善。但笔者希望通过本文对比上海法院和香港法院对于金额较小的争议处理的异同，从而更加深刻的体会和理解小额争议的解决方式，互相学习和借鉴，以完善该制度在司法实践中的应用。

一、对于小额争议的处理机构

在香港，对于金额为 50000 港币以内的债务等小额诉请，法院设有专门的"小额钱债审裁处"（以下简称"审裁处"）。虽然中文称之为"处"，但实际上该机构属于法庭。相对于其他法庭，审裁处要求的程序相对宽松，目的是便于当事人进行诉讼。审裁处审理案件，均由一名审裁官（Adjudicator）或暂委审裁官（Deputy Adjudicator）单独开庭聆讯及裁定。

相对于香港设立专门的裁判机构，上海法院并未专门设立独立的审判机构用以处理小额争议，但《实施细则》明确要求小额速裁试点工作协调小组驻民一庭办公（《实施细则》第 26 条）。对于适用小额速裁程序审理民事案件，由于案件本身是金额较小、争议不大的案件，所以由审判员一人独任审理（《实施细则》第 12 条）。

香港的小额钱债审裁处是专门针对某一类型的案件而设立的法院，上海则并不仅仅专门针对小额的债权债务，还包括其他法律关系清晰，事实简单的争议。两地的司法系统通过不同的受理案件的机构，以简化小额争议的处理，从而降低当事人诉讼成本，节约法院的司法资源。

二、审理案件范围

根据香港的《小额钱债审裁处条例》（以下简称《审裁处条例》）

及相关规则，任何就合约、准合约或侵权行为而提出的不超过 50000 港币的金钱主张，例如债务、服务费、财务损毁、已售货物、消费者提出的各类索赔等，都可诉至审裁处。但《审裁处条例》明确规定，下列类型的索赔案件不属于小额钱债审裁处审理范围：

(1) 诽谤诉讼；

(2) 因赡养协议而提出的诉讼或法律程序；

(3) 小额薪酬索偿仲裁处的司法管辖权范围内的诉讼；

(4) 劳资审裁处的司法管辖权范围内的诉讼；

(5) 地产代理监管局行使司法管辖权的诉讼，而地产代理监管局并没有根据或依据《地产代理条例》第 49 条拒绝就该诉讼行使司法管辖权；

(6)(在没有法律程序就某项争议而在审裁处展开的情况下) 要求作出关于该项争议的诉讼费及附带诉讼费的命令的任何诉讼或法律程序。

根据上海高院下发的《实施细则》第一条，小额速裁案件适用的范围是"法律关系单一，事实清楚，争议标的金额不足 5 万元的下列给付之诉的普通民事案件(不含商事案件)，经双方当事人同意"。《实施细则》之后通过列举的形式说明适用的范围，包括：

(1)权利义务关系明确的民间借贷、买卖、租赁、借用、居间、承揽、劳务等合同纠纷案件；

(2)权利义务关系明确的电信服务合同、物业服务合同、旅游合同、餐饮服务合同等服务合同纠纷案件；

(3)权利义务关系明确的，因拖欠水、电、燃气费用引起的供用电合同纠纷、供用水合同纠纷、供用气合同纠纷案件；

(4)责任明确、损失金额确定的机动车交通事故责任纠纷、饲养动物致人损害赔偿纠纷、产品责任纠纷等侵权纠纷案件；

(5) 责任明确、损失金额确定的财产损害赔偿纠纷案件；

(6) 身份关系清楚，仅在给付的数额、时间上存在争议的抚养费、赡养费、扶养费纠纷案件；

(7) 劳动关系明确，仅要求追索劳动报酬、经济补偿金的劳动争议纠纷案件；

(8) 其他可以适用小额速裁的案件。

同时，上海法院《实施细则》也规定了下列的案件不适用小额速裁：

(1) 涉外、涉港澳台案件；

(2) 涉及评估、鉴定的案件；

(3) 涉及集团诉讼或涉及众多当事人权益的案件；

(4) 辖区内有重大社会影响的案件；

(5) 矛盾有可能激化的案件；

(6) 其他应当适用普通程序审理的一审民事案件。

很明显，香港的受理范围限于简单的民事债权债务纠纷，不涉及身份家庭、土地、劳动争议。这是由于审裁处本身就是专门针对小额债权争议，而且香港另设有劳资审裁处、土地审裁处等专门法庭处理土地、劳动争议。在香港，申请人仅仅需要按照要求填写相关表格，就可以较为便捷的在审裁处立案。相比之下，上海法院小额速裁适用的案件范围远远大于香港的小额钱债案件的受理范围，虽然是以各类合同等债权纠纷为主，但是也涉及了劳动报酬、身份纠纷。通过进一步对比可以发现，对于不予受理的案件，上海和香港虽然都采取了列表的方式，但是香港具体到了案件的类型，而上海的规定则仅仅是抽象的表述，换句话说，按照上海高院的《实施细则》，所有受理的小额速裁案件都有可能会纳入不适用小额速裁受理的案件范围，这赋予了法官很大的自有裁量权。同时为了适用小额速裁程序，可能在立案的时候，法官就会对案件的事实、证据等实体内容进行更加严格的初步审查。

三、基本程序

1. 立案

香港对于案件的受理并没有特别的要求，只需要按照法律规定，填写并提交相关表格和材料即可。但原告应当确保被告可以被送达，否则审裁处将无法受理。

而上海的《实施细则》则规定了一个征询程序。对于经立案审查认为当事人起诉符合适用小额速裁条件的，应向当事人释明，并发送程序选择确认书，经原、被告双方书面签字或捺印确认后，可适用小额速裁程序（《实施细则》第8条）。对于一方当事人以书面形式申请适用小额速裁程序的，法院应当征询对方当事人意见，双方均表示同意且符合小额速裁条件的，应向当事人发放程序选择确认书，经双方当事人书面签字或捺印确认后，适用小额速裁（《实施细则》第11条）。上海的规定所产生的一个后果是，对于不予理睬、拒绝签字的被告，根本无法适用小额速裁程序。换句话说，香港的小额审裁程序是基于法律的规定并有利于原告采用小额争议解决机制，而上海的小额速裁程序的适用则基于双方一致同意，不利于原告适用小额速裁程序。上海的做法实际上增加了原告的成本，同时对于确认被告同意的时间也并没有限制，可能会导致原告在时间上的拖延。此外，如果是一般的立案，一旦立案成功可以同时申请诉前财产保全。而对于小额速裁是否适用，法律并没有明确的规定。由此可能会产生被告在其确认是否适用小额速裁程序的期间、正式立案之前转移财产，以致最终判决无法执行的情况。

2. 基本程序

香港审裁处的司法常务官（Registrar）在收到当事人的起诉材料后确定聆讯（Hearing）的地点及日期，并且聆讯日期不得迟于起诉材料提交后 60 天。其他相关材料按照香港的法律要求送达对方即可。

一般来说，一件案件的整个聆讯程序可以分为三个阶段：简短提讯（call over）、提讯（mention hearing）和审讯（trial）。必须说明的是，小额钱债审裁处审理案件，要求诉讼各方不得由律师代理出庭，这主要是考虑到在香港律师费用高昂，如果允许律师出庭，容易对相对弱势的请不起律师的一方造成不公。当然，当事人可以咨询律师提供法律意见。

（1）简短提讯

简短提讯由调查主任（Tribunal Officer）主要负责接待，原被告双方应当根据通知向调查主任报到，调查主任会对案件进行初步事实审查并进行调解。如果被告缺席简短提讯，原告便可以要求审裁官判被告人败诉。如果诉讼各方未能达成和解，调查主任又会另定下次提讯的日期。如果被告不遵从指示，审裁官可以无须进行审讯而判决被告人败诉。

（2）提讯

提讯则由审裁官负责，处理包括对于案件中的争议作出调查；向诉讼各方解释与案件有关的法律问题；告诉诉讼各方他们可以传唤的证人；以及指示诉讼各方怎样为审讯作准备等。

无论是在简短提讯或提讯过程中，调查主任或审裁官都尽量以调解为主，从而更加优化和节省司法资源。

（3）审讯

对于审讯，根据香港法律规定进行，诉讼各方和他们的证人都必须出席审讯。如果被告缺席，审裁官便可以判决被告败诉。在证据规则上，审裁处也比香港诉讼的一般程序相对宽松，法律赋予审裁处可收取任何其认为有关的证据，证据规则并不适用于审裁处的法律程序。这使得审裁处可以更加关注于事实审理而非程序上得争议。

需要说明的是对于审裁处的上述聆讯程序可以不拘于任何形式。灵活处理。如有共同被告，即使其中的某一被告未能及时送达到相关起诉文书或不在审裁处的司法管辖权范围内，也不影响聆讯及判决。败诉方可以此追索其他有责任的被告。

根据上海《实施细则》规定，适用小额速裁审理民事案件，应当在立案之日起1个月内审结，不得延长审限。对于该类案件的审理，可以采用电话、传真、电子邮件、手机短信等简便方式随时传唤当事人和证人，并可以灵活安排询问证人的时间。当事人申请利用视频系统等方式询问证人的，人民法院经审查认为适当的，可予以准许。对于审理时间上，可根据需要，安排在晚间、休息日进行调解或者开庭。审理程序上，可不区分法庭调查、法庭辩论阶段。（《实施细则》第14-16条）

无论是上海还是香港，在程序的要求上都强调了灵活和便捷，旨在最大程度上简化案件程序，更加注重实体的审理，因此凸显小额审判的成本优势。同时对于受理案件的时间，香港和上海也都规定除了正常的工作日，可以根据需要在休息日进行，这样节省当事人的时间。

四、判决

对于小额债权争议的判决，香港的审裁官在整个过程中可以在被告不出席的情况下直接进行不利于被告判决，这使得被告不会轻易的缺席聆讯程序，从而真正达到速裁的目的，优化司法资源。

相对而言，尽管上海的《实施细则》规定小额速裁案件应当在立案之日起1个月内审结，不得延长审限。但是对于"一个月内未能审结的，应当转为普通程序继续审理"（《实施细则》第17条），该规定导致的后果是法院可能利用小额速裁程序延长审限，这反而不利于争议的解决，也与设立小额速裁程序的初衷相违背。

五、复核及上诉

香港的小额钱债审判的裁定，如果诉讼任何一方不满审裁官的命令或判决，可以有以下两个做法：（1）向本审裁处申请复核；或（2）向高等法院原讼法庭申请上诉许可。如果申请人不满意复核的结果，可以向高等法院原讼法庭申请上诉许可。

根据上海的小额速裁的规定，如果当事人对于适用小额速裁作出的判决不服，可以在判决书送达之日起10日内向原审法院提出异议申请。法院收到当事人异议申请后，应当于立案当日移送至民一庭指定审判员审查。对于审查方式，可采取谈话、听证等方式听取异议申请人及对方当事人的陈述和主张。如果法院经审查认为异议不成立的，应在3个工作日内作出裁定，驳回申请人的异议申请。经审查认为异议成立的，应裁定撤销原判，并由民一庭组成合议庭适用普通程序对案件继续进行审理。

可见，香港和上海都采用了判决复核的程序，这是因为本来小额速裁的案由、事实及标的都不大，如果启动上诉程序，势必会造成增加当事人负担，一定程度上也会浪费法院的司法资源。而采用复核程序可以最大限度的降低点当事人成本。

六、结论

164

　　根据上述对于香港的小额钱债审裁程序及上海的小额速裁程序的介绍和对比，不难发现，对于小额争议，上海是借鉴各个其他法律区域的经验，结合自身的特点作出了一系列的规定。但是相比较法律环境更加成熟和完善的香港，仍然有很多地方值得上海借鉴和学习，例如受案范围、立案、缺席判决等。当然由于小额速裁程序在进行试点，相信通过各方的努力，一定能使得上海乃至全国的小额速裁程序能够更加完善，同时创造更加良好的法律环境。

洪猛

　　现执业于上海金茂凯德律师事务所，复旦大学法学院法律硕士。上海仲裁委员会调解员，上海市台商协会值班律师，上海市律师协会港澳台业务研究委员会委员。担任多家著名台资企业及内地企业的法律顾问。

关于海峡两岸移管被判刑人制度

洪 猛

一、目前台胞申请移管案例的介绍

2010 年 12 月 9 日，台胞李某来信称其弟于 2007 年 2 月 7 日，被上海市第一中级人民法院判处诈骗罪有期徒刑 12 年（即自 2005 年 3 月 1 日起至 2017 年 2 月 28 日止），并处罚金 100 万人民币。目前其弟弟在上海市提篮桥监狱服刑，已服刑近 6 年。现依据两岸间签订的《海峡两岸共同打击犯罪及司法互助协议》（以下简称《司法互助协议》）第十一条关于移管被判刑人条款，希望上海相关部门能把她的弟弟移管回台湾服刑。

据了解，本案案发后，社会影响特别巨大。上海市公安局也召开新闻发布会予以特别说明。另据当时台湾媒体报导，当时的"陆委会"副主委邱太三表示将争取遣返回台审判，不过因为犯罪地点在上海，将尊重对方司法管辖权。当时办理此案的律师也向上海市检察院第一分院申请遣返此批台湾罪犯回台接受审判，检方认为上海有审判权，因犯罪行为地在上海，并且拒绝遣返申请回台审判。

据申请人家属提供资料，其姐姐李某已经于 2009 年 11 月 16 日向台湾"法务部"申请，申请其弟弟回台湾服刑。据台湾"法务部"回函称，其已经向大陆地区司法部协议联络人提出请求，但至今没有进一步进展。

二、本案移管中可能出现的难点

针对本案分析，因 2009 年 4 月 26 日签订的司法互助协议条款太粗，不具有可操作性。因为这里有一个根本性的问题没有解决，即两岸的区际刑法冲突问题没有解决，因刑法的量刑不同而带来的冲突如何解决。本案的申请人触犯的是大陆刑法里的诈骗罪。我们来比较一下两岸关于诈骗罪量刑的规定。大陆《刑法》第二百六十六条规定"诈骗公私财物，数额较大的，处三年以下有期徒刑、拘役或者管制，并处或者单处罚金；数额巨大或者有其他严重情节的，处三年以上十年以下有期徒刑，并处罚金；数额特别巨大或者有其他特别严重情节的，处十年以上有期徒刑或者无期徒刑，并处罚金或者没收财产。本法另有规定的，依照规定。" 诈欺罪规定于台湾地区现行《刑法》分则第 32 章之中，诈欺取财罪，根据台湾地区现行《刑法》第 339 条第 1 项的规定，犯本罪者，处 5 年以下有期徒刑、拘役或科或并科 1000 元以下罚金。常业诈欺罪，是指行为人以犯诈欺罪（包括诈欺取财罪和诈欺得利罪）为常业的情形。本罪为一般犯与实害犯，是诈欺罪的加重犯。根据台湾地区现行《刑法》分则第 340 条的规定，犯本罪者，处 1 年以上 7 年以下有期徒刑，得并科 5000 元以下罚金。

比较下来，两岸关于诈骗罪在量刑上有很大区别，台湾诈欺罪量刑最高是 7 年，大陆最高是无期徒刑，那移管中碰到的第一个问题就是量刑的冲突问题，当然还有其他一些问题在移管中都会发生或碰到。

三、关于移管被判刑人条款的背景介绍

2009 年 4 月 26 日，海协会与海基会在南京签订了《海峡两岸共

168

同打击犯罪及司法互助协议》，该协议的签订在两岸司法互助方面开创了历史先河，让两岸司法界在个案合作方面有章可循，为创造和谐稳定的两岸经贸文化交流提供了制度上的保障。

该《司法互助协议》第十一条规定，两岸间基于人道及互惠原则，在请求方、受请求方及被判刑人均同意移交的情形下，移管被判刑人。此条款的约定既具有人道主义关怀同时也为被判刑人服刑后重新回归社会做了充分的考虑。但是关于移管被判刑人在本协议中只有一个原则性条款，不具有操作性，这为在司法实践中如何落实该条款带来一定的困难。

人民网《人民日报·海外版》2011年3月29日报道，目前在大陆服刑的台湾籍罪犯有上千名，在台湾服刑的大陆籍罪犯有39名。台湾检察官张熙怀在论文《两岸经贸启交流，司法互助奠基石》中提及，截至2010年4月22日，台湾"法务部"已经收到141件在大陆服刑的台湾籍罪犯及其家属请求移管回台湾服刑案例。随着时间的移转，相信会有越来越多的申请者，所以目前两岸建立一套行之有效的移管被判刑人制度，属当务之急，相关职能部门展开对此问题的研究也很有必要。上海是台胞相对比较集中的地区之一，据了解，上海提篮桥监狱就有近50名台湾籍罪犯在服刑。

自从两岸间签订协议后，已有依据该移管条款，成功地从大陆移管回台湾的案例。根据国台办2010年9月15日召开的新闻发布会介绍，被判刑人移管实现了突破，两岸主管部门人员经协商，将身患重病的台湾罪犯冯某移送回台执行。这是目前成功移管的第一例，也是唯一的一例。不过据了解此案例的研究价值不高，因为此罪犯身患重病，即使不移管也属保外就医的范畴，与本文研究的移管制度有很大区别。

四、国际上及港澳间移管制度的借鉴

被判刑人移管问题在国际上早就不是新鲜课题,联合国大会在第四十五次会议上通过了《有条件判刑或有条件释放罪犯转移监督示范条约》(联大 45/119 号决议)。联大该决议请那些尚未与其他国家就此事项建立条约关系的成员国或想修订现存此类条约的成员国考虑这部示范条约。该示范条约的重要突破是为各国提供了一个非常灵活的框架,允许通过转移监管责任的方式,将被判缓刑、假释或被判刑罚暂停执行的外籍罪犯移交给其国籍国或其他国家。联合国预防和控制犯罪委员会第八次会议审议了移交外籍囚犯模式协定的草案和关于外籍囚犯待遇的建议,并决定将该模式协定提交给第七届联合国预防犯罪和罪犯待遇大会审议和通过。在第七届联大会议上,这样的模式协定的制订获得了普遍的认同,但令人感兴趣的是一些代表团对协定中的部分内容,尤其是关于移管应获得囚犯同意这一要求表示关注。目前中国已经与六个国家签订了移管被判刑人条约,分别是乌克兰、俄罗斯、西班牙、葡萄牙、澳大利亚、韩国等。根据该条约的内容,在移管的问题上已经有相当成熟的操作经验可以供两岸间分享。当然在研究这个课题的同时一定要明确台湾与大陆是一个国家,双方是在一个中国的前提下商讨移管问题的。

我们除了借鉴国际经验,还可以借鉴目前香港与澳门之间签订的移管协议。2005 年 5 月 20 日,香港特别行政区政府代表与澳门特别行政区政府代表在香港签订了港澳两个特区之间的《关于移交被判刑人的安排》,该《安排》于同年 12 月 26 日生效。总体上看,该安排是中国范围内不同法域在一国两制框架和政治原则下所签订的第一个区际刑事司法协助协定,这一协定将国际公约、条约以及港澳特区与其他国家签订被判刑人移管方面协定的经验成功地引入到区际刑事司法协助活动中，为大陆与台湾将来签订详细的区际被判刑人移管协议提供了重要的示范。

五、针对此移管问题，笔者提供一些解决原则供参考

1. 有利于被判刑人原则

被判刑人移管的目的是为了更有助于实现对被判刑人的教育和改造，使他在服刑期间能继续保持与其家庭和外界环境的适当联系和接触，以利于出狱后重新适应社会生活。两岸主管部门首先应当考虑的是：移管是否能给被判刑人（即他的服刑生活和刑满后的生活）带来直接的利益。

2. 不加重刑罚原则

从一定意义上讲，这一原则可以被视为有利于被判刑人原则的延伸。被判刑人移管中的不加重刑罚原则是指执行方在适用本地区法规对被判刑人执行刑罚时不得加重原判刑罚。如果判刑方所科处的刑种因在执行方不存在而需转换成执行方相应的刑种，转换的刑罚必须在性质上尽量与原刑罚相近并且不得超过执行方法律为该种刑罚规定的最高限度或者重于判刑方原先判处的刑罚。为了防止被判刑人实际受关押时间的延长，被判刑人在判刑方已被羁押的时间应当予以折抵。

3. 一罪不再罚原则

这一原则体现了合作双方对各方判决效力和行刑效力的承认和尊重。在被判刑人移管中，"一罪不再罚"原则对于判刑方和执行方都具有约束力。对于前者来说，一旦执行方对被移管人执行了由判刑方科处的刑罚，判刑方就应当承认该执行与在自己法域内的执行具有同等效力，不得以任何借口重新对其执行刑罚。对于执行方来说，"一罪不再罚"原则要求它不得因同一罪行对被移管的人再

次进行审判、关押或处罚。

4. 相互尊重管辖权原则

在被判刑人移管问题上该原则应得到特别强调，因为在这种司法协助活动中有关双方的合作进入了较深的层次，在权利的转让和接受中有时可能会出现"权利交叉"的情况。比如，说在有些情况下双方都具有对被判刑人的赦免权；双方都可以对缓刑犯提出自己的要求；执行方有权依据本地区的法律对判刑方科处的刑罚做出相应的转换或变更等。在这种情况下，相互尊重管辖权问题就变得尤为突出。

5. 被判刑人是执行方的居民

这一条件是由被判刑人移管制度的宗旨所决定的，被移管人必须是各自的居民。我们要特别关注既具有台湾户籍又持有国外护照的人如何处理，鉴于台湾地区和大陆在对待"双重国籍"的问题上政策不同，对于既具有台湾户籍又具有其他国家国籍的人是否使用本移管条款，这一点需要特别研究。

6. 被移管人所犯之罪在执行方也构成犯罪

即被移管人的行为不论根据大陆的刑法规定还是根据台湾的"刑法"规定，都属于犯罪行为，这也是国际上关于移管的通行惯例。关于对犯有"政治性罪行"的被判刑人是否可以实行移管，这一点也需要特别予以研究。

7. 被判刑人仍须服一定期限的刑罚

被判刑人须服满一定期限的刑罚后才能被移管，这一条件是对被判刑人移管适用范围的限制，避免不加区别地对某些只被判处轻刑的人进行得不偿失的移管。两岸间签订司法协议没有明确的约定。香港和澳门之间移管的安排中约定是 6 个月。多数国际条约把这一期限确定为 6 个月，《欧洲被判刑人移管公约》以及联合国《关于外国囚犯移管的示范协定》都规定，在移交时，作为一般规则，被判刑人仍须至少服满 6 个月刑期。

8. 在判刑地不存在尚未完结的上诉或申诉程序

这一条件包含两个方面的含义，一方面它要求法律为被判刑人规定的上诉期限已经届满，也就是说，通过移管执行的判决必须是生效判决。另一方面它还要求即使是生效判决，也不存在对其效力提出异议的申诉活动，比如对已生效判决提起审判监督程序。

9. 必须获得被判刑人的同意

这一点在两岸签订的协议中有明确的约定，此举也是国际上通行的做法。为了从程序上保障这一原则的实现，一些有关国际条约规定，判刑方有义务告知被判刑人移管的可能性以及移管的法律后果。如果被判刑人因身体或精神状况不能自由决定或正常表达其意愿，也可以要求由被判刑人的法律代理人表示上述意愿（如《欧洲被判刑人移管公约》）。对于少年犯来说，移管必须得到其法定代理人的同意。

10. 移管执行中的法律适用问题

对判刑人实行移管后，执行方接过了对被判刑人的监管权，它在监管过程中需要依据本地区的法律确定和处理一些问题。同时，判刑方虽然已转让了自己的监管权，但它仍然保留着依据本地区法律决定某些问题的权利；执行方在处理一些问题时也需要考虑判刑方已作出的决定。由此产生了执行中的法律适用问题。

首先遇到的一个问题是刑罚的转换。如果判刑方科处的刑罚与执行方法律规定的刑罚有所不同，执行方应当依据本地区的法律将前者的刑罚转换成自己的刑罚，这种转换应当依据执行方的法律实行。《关于刑事判决的国际效力的欧洲公约》和《欧洲被判刑人移管公约》都规定，在上述情况下执行方可以通过法院或行政命令将原刑罚改为其本地区法律对于类似犯罪所规定的刑罚或处分；新转换的刑罚或处分在性质上应尽可能与原判刑罚相一致，但其性质或期限不得重于原判刑罚。执行方在转换刑罚时还应当遵守下列要求：（1）尊重判刑方对被判刑人犯罪事实的认定；（2）不得将剥夺自由刑转换为财产刑；（3）应减去被判刑人已服过的剥夺自由刑的刑期包括预先羁押的时间；（4）不受本地区法律对该罪行规定的最低刑罚限度的约束。另外有的条约还规定，除定罪所可能会有并且本身已造成的权利丧失外，罪犯移管不应导致接收方法律所规定的附加剥夺权利。在刑罚转换之后，执行方将完全依照本地区行刑法规（监狱法）执行对被判刑人的刑罚。对于那些不需要实行转换的刑罚，执行方无疑也应依照本地区的法律制度加以执行。

在两岸关系如此热火朝天的时候，我们也不要忘记还有一批人也是台胞，他们就是在大陆监狱里服刑的台湾籍罪犯，对他们的人道主义待遇也需要予以考虑。这些罪犯将来服刑完毕以后还是要回归社会，但他们可能要回归的是台湾地区的社会而非大陆地区的社会。另在服刑与改造过程中也需要家属的关怀与支持，如果移管回台湾服刑对他们的改造将起到积极的作用。另从司法合作与互助的角度考虑，此问题的解决也有利于落实两岸间签订司法互助协议，因而希望本文引起相关司法单位的关注。

徐晓

现执业于上海市佩信科诺律师事务所。上海市律师协会港澳台业务研究会委员。擅长股权转让、投资、融资、治理、税收筹划等公司法律事务。

股权转让税收筹划

徐晓

我国的资本市场经过十几年的发展逐步成熟，股权转让在企业经营发展的各个阶段频频出现，特别是在全球国际金融危机的背景下，中国经济面临着前所未有的机遇和挑战，行业调整、企业整合活动日趋活跃。律师代理客户股权交易业务时，除解决法律问题外，税务问题也应有所考虑。

税收成本是股权转让中面临的突出问题之一，由于股权转让涉及金额普遍较大，因此所得税又成为主要的税收成本。对于这个问题，税务部门自 1998 年起已陆续出台了一系列相关文件，律师界和企业对于股权转让的税收筹划开展了丰富的研究讨论，提出了许多切实可行的方案。

2009 年 4 月 30 日，财政部、国家税务总局下发了《财政部国家税务总局关于企业重组业务企业所得税处理若干问题的通知》（财税 [2009]59 号），对股权收购涉及的所得税处理提出了一般税务处理和特殊税务处理两种方式，并明确了适用范围和具体处理方法。本文在回顾股权转让相关税务文件的基础上，分析其税务处理的变化，以 A 公司股权转让为案例，提出在现行的税收政策下股权转让的税收筹划方案，以期帮助企业降低纳税成本。

一、企业股权转让所得税法规回顾

《国家税务总局关于〈印发改组改制中若干所得税业务问题的暂行规定〉的通知》（国税发 [1998]97 号）文件规定，股权转让收益或损失＝股权转让价－股权成本价。如被持股企业有未分配利润或税后提存的各项基金等股东留存收益的，股权转让人随转让股权一并转让该股东留存收益权的金额（以不超过被持股企业账面分属为股权转让人的实有金额为限），属于该股权转让人的投资收益额，不计为股权转让价。

《关于企业股权投资若干所得税问题的通知》（国税发 [2000]118 号）文件规定，企业股权投资转让所得或损失是指企业因收回、转让或清算处置股权投资的收入减除股权投资成本后的余额。企业股权投资转让所得应并入企业的应纳税所得依法缴纳企业所得税。

《国家税务总局关于企业股权转让有关所得税问题的补充通知》（国税函 [2004]390 号）文件规定，企业在一般的股权（包括转让股票或股份）买卖中，应按国税发 [2000]118 号有关规定执行。股权转让人应分享的被投资方累计未分配利润或累计盈余公积应确认为股权转让所得，不得确认为股息性质的所得。只有在企业进行清算或转让全资子公司以及持股 95% 以上的企业时，应按照国税发 [1998]97 号的有关规定执行。投资方应分享的被投资方累计未分配利润和累计盈余公积应确认为投资方股息性质的所得。为避免对税后利润重复征税，影响企业改组活动，在计算投资方的股权转让所得时，允许从转让收入中减除上述股息性质的所得。

《财政部国家税务总局关于企业重组业务企业所得税处理若干问题的通知》（财税 [2009]59 号）文件规定了企业股权收购中所得

税的两种处理方法：一般税务处理和特殊税务处理。一般税务处理即：被收购方应确认股权、资产转让所得或损失，收购方取得股权或资产的计税基础应以公允价值为基础确定，被收购企业的相关所得税事项原则上保持不变。如果企业股权收购符合该文件第五条规定条件（具有合理的商业目的，企业重组后连续 12 个月不改变重组资产原有的实质性经营活动，取得股权支付的原主要股东在重组后连续 12 个月内不得转让所取得的股权等），且收购企业购买的股权不低于被收购企业全部股权的 75%，收购企业在该股权收购发生时的股权支付金额不低于其交易支付总额的 85%，可以适用特殊性税务处理规定，即：

1. 被收购企业的股东取得收购企业股权的计税基础，以被收购股权的原有计税基础确定。

2. 收购企业取得被收购企业股权的计税基础，以被收购股权的原有计税基础确定。

3. 收购企业、被收购企业的原有各项资产和负债的计税基础和其他相关所得税事项保持不变。

二、股权转让税收筹划案例分析

通过上述文件回顾可以看到，税务部门对股权转让相关所得税的计税基础提高后，又区别不同情况制订具体细化的处理方法：国税发 [1998]97 号文规定，对股权转让价差中所包含的原股东留存收益不计入股权转让所得计缴所得税；国税发 [2000]118 号规定，股权转让所得一律并入企业应纳税所得缴纳企业所得税；国税函 [2004]390 号补充例外情况，即在企业进行清算或转让全资子公司以及持股 95% 以上的企业时，应按照国税发 [1998]97 号的有关规定执行。几个文件的陆续出台使得股权收购的所得税处理在计税基础上发生了较大的变化，而 2009 年出台的财税（2009）59 号文在上述基础上，针对目前日益频繁的企业并购活动进一步规定了免税处理的相关条件。如果企业股权转让能满足文件规定的特殊税务处理适用条件，那将节约巨大的税收成本。下面拟以 A 公司股权转让为案例，通过对几个税收筹划方案进行比较，寻求在当前政策环境下，股权转让的最优税收策略。

案例资料：A 公司是一家生产型企业，注册资本 1 个亿，由股东甲公司和全资子公司乙共同出资设立，分别持有公司 60% 和 40% 的股权。A 公司目前的所有者权益结构为：股本 1 亿元，留存收益 2000 万元（盈余公积 750 万元，未分配利润 1250 万元）。现有产业链上游公司 B 公司拟收购 A 公司 80% 股权，协议收购价 1.2 亿元，对价方式尚未最终商定。

对于该项案例，如果不做任何税收安排，由 B 公司直接向股东甲公司和乙公司分别购买 60% 和 20% 股权，那么甲公司应按股权转让所得 3000 万元（12000×0.6÷0.8-6000）确认所得税 750 万元，乙公司按股权转让所得 1000 万元（12000×0.2÷0.8-4000÷2）确认所得税 250 万元，甲、乙公司合计发生的税收成本为 1000 万元。

从上述计算结果可以看到，甲、乙公司对股权转让收益将承担较高的税收成本。如果运用上述文件规定进行一定的税收筹划，那将会有效降低税收成本，从而达到合理节税的目的。

方案一：先由 A 公司将未分配利润 1250 万元全部分配，再向 B 公司转让股权。分配股利后，A 公司的净资产下降为 1.075 亿元，B 公司应支付的收购对价也减少 1000 万元 (1250×0.8)。通过上述运作后，甲、乙公司应缴纳的所得税分别为：

甲公司：(11000×0.6÷0.8-6000)×0.25=562.50 万元

乙公司：$(11000 \times 0.2 \div 0.8 - 4000 \div 2) \times 0.25 = 187.50$ 万元

甲、乙公司的税收成本合计为 750 万元，较筹划前的税收成本下降了 250 万元。

方案二：该案例中，B 公司拟收购 A 公司 80% 的股权，达到财税（2009）59 号文中"收购企业购买的股权不低于被收购企业全部股权的 75%"的股权比例要求。由于 A、B 公司处于同一产业链，在生产销售上具有密切联系，A 公司可以通过与 B 公司协商支付对价的方式，要求 B 公司以所持有的某下属公司的 85% 以上的股权作为对价进行股权交易，这样一方面满足财税（2009）59 号文关于适用特殊税务处理的条件，实现了免税重组，直接节约所得税成本 1000 万元；另一方面，收购了产业链的上游公司，对 A 公司日后的更快发展奠定了基础。

当然，该方案能否实施取决于 B 公司是否接受 A 公司提出的对价条件。为促成交易达成，A 公司可以提供一定的优惠条件，如 A、B 公司可以在谈判中制订相关条款，允许 B 公司对拟作为股权支付额的下属公司保留董事会的多数表决权等，使得 B 公司对该公司仍具有一定的控制力等。

通过对 A 公司转让股权行为进行不同的税收安排，A 公司的所得税从 1000 万元降低到零，A 公司获得了巨额的税收利益，直接减少现金支出，实现合理避税的目标。由于每个企业的股权结构千差万别，每个方案的可行性也受到许多客观因素的限制，律师在进行纳税筹划时，应针对实际情况加以选择，在不违反法律法规的前提下实现企业价值最大化。

三、股权转让税收筹划应关注的问题

税收筹划在给企业带来税收利益、提升企业价值的同时，也存在一定的风险。税收筹划强调的是合理避税，而且税收筹划本身也有一定的成本，制订最优的税收筹划方案需要关注以下几个方面的问题：

1. 依法纳税是企业税收筹划的前提。只有遵守税收法律、法规和政策，才能保证所设计的经济活动、纳税方案为税务主管部门所认可，否则会受到相应的惩罚，并承担法律责任，给企业带来更大的损失。基于股权转让业务的复杂性，进行税收筹划时需要律师认真学习领会相关税务文件，并与主管税务部门进行有效沟通，这样才能保证方案的顺利实施。

2. 税收筹划的"成本—效益分析"必不可少。企业进行税收筹划，最终目标是为了实现合法节税、增收，使整体收益最大化，因此要考虑投入与产出的效益。如果税收筹划所产生的收益不能大于税收筹划成本，税收筹划就失去了可行性。

3. 税收筹划是一项系统工程。企业税收筹划的目的是取得企业整体利益的最大化，在进行税收筹划时，律师不能仅把目光盯在某一时期纳税最少的方案上，而应根据企业的总体发展目标去选择有助于企业发展、能增加企业整体利益的方案。

4. 税收筹划应注意风险的防范。税收筹划是一种经济行为，在错综复杂而不断变化、不断发展的政治、经济和社会现实环境中，所有的经济行为都有风险，只不过程度不同而已。一般来说，税收筹划收益与税制变化风险、市场风险、利率风险、债务风险、汇率风险、通货膨胀风险等是紧密联系在一起的。律师在股权转让的税收筹划方案中，为降低税收成本做出相关税收安排的同时，要考虑对企业生产经营的影响。如案例分析的方案二，由于 B 公司与 A 公司同处一个产业链，因此可以考虑要求 B 公司以持有的股权作为交易对价。如果 B 公司与 A 公司处于两个不同行业，这样的操作需谨慎考虑对企业总体战略的影响，在收益与风险之间进行必要的权衡，综合衡量税收筹划方案，这样才能保证取得财务利益，增加企业价值。

随着我国经济的发展和资本市场的不断成熟，企业间的股权转让、并购重组会愈加活跃；同时税收法制进程的加快，相关税收法律、法规也在不断完善之中。股权转让的税收筹划作为一个重要的课题将会有更广阔的研究空间，寻求合理的筹划空间、为企业量身定制税收筹划方案也对广大商务律师提出了更高的业务要求。

韩璐

现执业于上海市乔文律师事务所。曾获第四届上海市优秀青年律师、浦东新区律师行业优秀党员等称号。中央电视台法制频道《法律讲堂》嘉宾主持，上海市律师协会港澳台研究委员会委员。业务专长：诉讼包括经济合同、公司股权、国际（内）贸易纠纷等，非讼包括公司治理、改制、产权重组等。

香港公司董事责任的承担

韩　璐

香港,这颗南太平洋的东方明珠,这座世界航运、贸易、金融中心的城市,因其成熟、自由、开放的市场和优越的投资环境吸引着世界各地的投资者。据不完全统计,2010年的前六个月中,香港的公司注册数量从4.3万家飙升至81.5万家,让人不得不用"壮观"一词来形容。同样,伴随着大陆投资者日益增长的对市场拓展和资金使用的需求,越来越多的大陆企业和个人纷纷与香港公司交易、合作,甚至选择在香港成立公司,这就意味着许多个人投资者成为香港公司的董事,许多企业作为股东派出"精兵强将"担任香港公司的董事。

然而,相比香港公司注册没有最低股本要求、注册时间只需4-5天、不存在外汇管制规定、税种简单、税率低等优势,香港法律对香港公司的董事却有着严格的要求和限制。可以说,对董事进行管理和要求董事承担责任,是香港法律保障公司正常运作和实现整个经济秩序稳定的有效手段之一。

一、关于董事任职资格的要求

案例一:A集团公司为一家香港公司,创始人黄某与陈某分任A集团董事局主席及A集团总裁。在公司运营过程中,黄某与陈某分歧不断，股东矛盾几度激化。后黄某因金融犯罪被判刑入狱，黄某与其妻杜某也均因此被迫辞去 A 集团公司董事职务，由陈某正式接任董事局主席。之后，陈某管理下的 A 集团公司欲增发新股，黄某担心自己的股权比重面临被稀释的风险，自己的股东地位将被削弱，于是通过各种方式向公司提议罢免陈某，股东矛盾再次爆发。为保证和强化自己在公司的地位，黄某反复提名自己的亲人或亲信出任公司的执行董事，而在众多候选人中，黄某的妻子杜某做事干练，颇有能力，如果顺利出任，将会强化黄氏家族对 A 集团公司的控制。但就是在这关键时刻，杜某却因为内幕交易罪，被判入狱。根据香港《公司条例》的规定，内幕交易罪属于重罪，法院依法颁布除权令，禁止杜某担任公司董事。这在一定程度上打击了黄氏家族对 A 集团公司的控制。

这是一个典型的因法院颁布除权令而使投资者失去担任公司董事资格的案例。香港《公司条例》之所以要强调对公司董事的规定，一是因为董事是一家公司的核心人物，是具有实际权力和权威的管理公司事务的人员，是公司内部治理的主要力量，对董事的要求体现了香港《公司条例》的立法理念；二是因为很多中国内地投资者投资成立公司后，投资人亲自担任董事一职，负责公司的运行和操作，却因为不了解香港法律对董事义务的具体规定而承担了很大的风险；三是因为香港法律深受英国立法的影响，相比大陆而言，会更为严格地遵循"刺开公司的面纱"、"董事的谨慎和对公司的忠诚义务"等原则（顾敏康：《香港对内地公司法对股东利益保护和对董事之诉的比较研究》，《法学家》1999 年第 4 期，87-92 页）。一般而言，香港公司董事的责任来源有三个：公司章程、法庭判例和法规。如果某董事不按照上述规定履行其董事责任，可能要承担民事甚至刑事责任，也有可能被取消担任董事的资格。

在香港成立公司一般比较自由，其对公司董事资格的规定也比较宽泛。根据香港《公司条例》的规定，在注册成立一家香港公司时，必须配备至少一名公司董事，这名董事只要年满十八周岁即可，没有国籍的要求。

但是，鉴于董事对于一家公司的重要性，立法势必会对董事的品行道德有所要求，以保证公司能够合法运营，维护所有股东的利益。我国大陆《公司法》第一百四十七条规定，有以下情形的，不得担任股份有限公司的董事：(1) 无民事行为能力或限制民事行为能力者；(2) 因贪污、贿赂、侵占财产、挪用财产罪和破坏社会主义市场经济秩序，被判处刑罚，执行期满未逾 5 年，或者因犯罪被剥夺政治权利，执行期满未逾 5 年；(3) 担任破产清算的公司、企业的董事或厂长、经理，并对该公司、企业的破产负有个人责任的，自该公司、企业破产清算完结之日起未逾 3 年；(4) 担任因违法被吊销营业执照、责令关闭的公司、企业的法定代表人，并负有个人责任的，自该公司、企业被吊销执照之日起未逾 3 年；(5) 个人所负数额较大的债务到期未清偿。

与大陆具体罗列不得担任董事的消极条件的立法方式不同，香港的规定更加倾向于英美判例法的立法模式，采取了通过法院颁布除权令的方式来提高对董事的要求。例如，针对触犯与公司成立、管理或清盘有关的严重刑事犯；多次不遵守公司法规定的人；在公司清盘时，发现了犯有与公司有关的欺诈罪行的人；犯有欺诈贸易罪的人等等，法院都可以颁布除权令，不准其担任公司董事。

二、关于公司经营中董事的义务和责任

案例二：大陆 A 公司龚某和香港 B 公司董事局主席蔡某在收购

香港 B 公司的过程中，相互串通，对外隐瞒被收购公司的三千万元资产，使得很多小股东错误估计了市价，以较低的市场价格出售 B 公司股份而遭受了损失。香港法官认为，大部分小投资者都没有会计的专业资格学识，他们有权依赖公司董事或者领导层对外发布真实的会计文件，而且联交所和证监会也根本不可能对每家上市公司的状况做深入细致的调查，所以董事有责任诚信地披露公司的经营和财务状况。本案的两被告龚某和蔡某为了自身利益，变相侵吞小股东的财产，违反了诚信原则，理应处罚。法官考虑到两被告计划周密、全无悔意，最终还特别加重了刑罚。

由本案可见，香港法律对董事的监管十分严格，实践中发生过多起董事因为不诚信、侵害股东特别是小股东权益而被革职甚至被判入刑的案例。香港深受英美法系的影响，所以董事责任的规定既包括成文法的内容，也包括案例法的原则总结。相比大陆的规定，香港的董事责任原则要详尽具体和严格得多。具体包括（香港公司注册处 2009 年 7 月颁布的《董事责任指引》）：

1. 有责任真诚地以公司的整体利益为前提行事，有责任为现时及未来股东的利益行事。这是公司董事的首要责任，也是其职业道德的基本要求。

2. 有责任为公司成员的整体利益、以适当目的使用权力，即董事行使权力的出发点一定要是"适当目的"。相比大陆的立法而言，这样的立法用语可能会显得有些宽泛和笼统，但这正符合香港英美法系的特征，法官将在案件中按照"公平正义"的标准来加以判断董事的行为。

3. 除了公司章程或股东决议认可并正式授权的情况之外，董事不得向其他人转授权力，并且在任何时候行使董事权力都应该是独立的、不受外界他人的影响、符合股东和公司利益的。

4.董事在公司的经营过程中，要以应有的谨慎、技巧及努力行事。法官在判断董事是否完全履行责任时，通常会以一位董事所应该具有的知识、技巧以及经验作为出发点，再考虑其行事的谨慎程度和是否尽职努力。

5.董事有责任避免个人利益与公司利益发生冲突。防止董事在自身的个人利益与公司利益相冲突时，利用职权为自己谋取利益，做出损害股东权益的决定。

6.除符合法律规定的内容外，董事不得做出与其本人有利益关系的交易。如果公司的某一项交易与董事之间存在着必然密不可分的利益关系，那么法律要求董事必须向股东披露此交易中涉及的他本人的利益是什么，然后按照公司章程的约定履行完毕一定的手续或公司程序，取得其他董事或股东的批准后，有相关利益关系的董事才能完成这项交易，否则他不得以董事的身份授权、促使或准许公司订立该交易。

7.除了在股东大会上已经向公司披露过的有关用途并且获得了其他董事、股东及公司认可和批准的之外，董事不得利用公司的财产或资料从事任何其他事项，更不能假借董事之位的便利而擅自利用公司的财产、资料或窃取公司的业务机密。

8.不得接受第三者因该董事的职位而给予该董事的任何个人利益和报酬。但是如果此利益是公司本身给予的，或者是公司已经通过普通决议认可了的，亦或是此项利益是其谨慎妥善执行董事职能所带来的必然的附带利益，那么董事是可以接受的，在此之外收受任何报酬都会被法院认为是受贿而承担严重的民事和刑事责任。这项规定不仅限制了公司的现任董事，还约束着前任董事。

9. 董事必须遵守公司的组织章程大纲、章程细则及决议，必须按照公司的章程履行职责，并且遵从股东大会、董事会等按照公司章程做出的决议。

10. 董事有义务妥善保管备存公司的账簿。公司董事必须采取一切合理的措施，确保妥善保存账簿，以便真实而公平地对外反映公司的事务状况及解释公司所作的交易。以上九条是董事对公司内部的责任，而本条则规定了董事对公司外第三人的诚信。根据香港《公司条例》(第32章) 第275条关于欺诈营商的规定，董事在以公司名义贷款或集资时，必须向第三方公开账簿，以确保第三方在完全了解公司经营状况的前提下向公司投资或贷款。

如果违反上述的十项责任和义务，董事首先要面临被罢免的风险，其次是要以个人财产对权益受到侵害的股东和第三人承担赔偿责任，更重要的是，还要承担香港严苛的刑事责任。

三、关于公司退市过程中董事的责任

案例三：A公司是一家香港公司，B公司对其享有300多万债权，该笔债权经过大陆法院审理认可，并在大陆法院进入执行程序。在执行过程中，B公司及大陆法院发现，A公司已经通过香港公司注册处申请了解散。这意味着即使通过在香港再次诉讼A公司并获得支持300万债权的判决，A公司已无财产可供执行，B公司将损失300多万本金及相应的诉讼成本。但在律师介入调查后，却发现A公司的董事张某在申请解散公司时，向香港公司注册处保证公司对外没有任何债务，才得以通过注册处的解散审批。而董事张某的这一行为直接导致B公司没有收到任何通知，也未能参与A公司清盘的财产分配，张某的该行为涉嫌虚假承诺。

香港《公司条例》第291AA 第14款："任何人就根据本条提

出的申请，明知或罔顾实情地向处长提供任何在要项上属虚假或具误导性的资料，可处罚款及监禁。"第 12 款："尽管有第 11 款的规定，公司的高级人员及成员的法律责任（如有的话）仍然持续，并可强制执行，犹如公司未曾解散一样。"因此，虽然 A 公司已经解散注销，但是 B 公司仍然还有根据香港法律要求 A 公司董事张某对 B 公司的债权承担赔偿责任并且依法得到法院强制执行的可能，张某还存在承担相应的刑事责任的可能，B 公司仍然有机会实现债权。该案件正在进一步处理中。

公司退市应当经过清算过程。香港的《公司条例》将大陆《公司法》所说的清算称为"清盘"。清盘可以分为两大类，强制性清盘和自愿性清盘。强制性清盘是公司被债权人起诉至法院要求其履行债务而导致清盘。自愿性清盘包括，解散、董事或股东的自动清盘。

自愿性清盘的，只需要所有出席股东大会并参加投票的股东有 75% 的人同意清盘并指定一位清盘人就可以了。此时，董事需要发表一项偿付能力声明。如果没有递交此声明但仍向公司注册处备案清盘的，那么清盘的主体改为公司全体债权人。强制性清盘的，除了公司资不抵债的情况下可以，法律还规定，公司在成立之日起一年内没有开始营业，或者停止业务长达一年之久的，或者股东低于法定人数等等情况下，法院也可决定强制性清盘。

提起人向法院提出清盘申请，法院一旦受理便会颁布清盘令，公司即转由清盘人来管理。强制性清盘的清盘人由法院委任，自愿性清盘的清盘人由处于优势地位的一方来委任。一般来说，自动清盘的清盘人可以是股东，公司解散的清盘人通常由债权人决定。

公司董事在清盘过程中有必须的协助义务，主要义务包括：回答讯问时清盘人所提出的一切问题；向临时清盘人或清盘人交出公司的资产、账簿、记录和公司的印章；前往临时清盘人或清盘人办公室会面及提供有关公司的资产和交易的资料；在委任一名临时清盘人或颁布清盘令起 28 天内递交一份已宣誓的公司资产负债状况说明书（类似资产负债表）；在接到临时清盘人或清盘人的通知时，出席债权人及分担任会议；在清盘完成前，继续与临时清盘人或清盘人合作；如地址有所更改，通知临时清盘人或清盘人；要保障所有债权人的利益，不能有任何偏私。

如上所说，清盘过程中董事仍旧要承担很多的责任，如果不予履行，甚至有可能受到刑事处罚。偿债的公司的股东、董事如果为了逃避责任或者逃避清盘人的询问而潜逃，清盘人可以向法院申请逮捕令，法院一旦颁布，昔日的董事便会沦落为通缉犯。如果董事没有履行其职责，例如没有向临时清盘人或清盘人交出公司的资产、账簿、记录和公司的印章，没有准备及提交资产负债状况说明书等，法院可以取消其董事资格 1 至 15 年，董事可因自身在清盘过程中的的失职行为招致罚款甚至监禁。即使是在清盘结束后，公司已经解散，董事仍要就其在任期内的任何行为对股东承担责任。如果有人因为公司的解散而遭受损失或不良影响，都可在公司解散后 20 年内向法庭申请恢复公司的法律地位，并进一步追究公司和董事的责任。

可见，在拥有董事身份、履行董事经营管理职责、承担董事清盘义务等方面，香港法律都有严格的规定和审判实践。无论是与香港有关的贸易还是投资，对于董事责任和义务的了解和掌握在涉港商事活动中显得尤为重要。

温嘉蕾

现执业于上海市君悦律师事务所。获上海市 WTO
公平贸易实务岗位证书。上海市律师协会港澳台业务研
究委员会委员。在房地产项目投资、外商投资、兼并收
购、资产重组、融资等企业法律事务方面有较为丰富的
经验，担任多家企业常年法律顾问。

谈香港居民在大陆的不动产继承问题

温嘉蕾

大陆在上世纪 90 年代开始开放房地产市场，此后，大量港澳台居民纷纷在大陆置业投资或居住。随着时间的推移，港澳台人士在大陆购置的不动产的继承问题逐渐增多。由于不动产继承适用不动产所在地的法律，与产权人居住地的法律有一定差异，因此多数境外人士对大陆不动产如何继承的问题较为困惑。现以笔者代理过的一起香港居民名下的不动产继承案件为例，对香港居民在大陆的不动产继承问题作一浅析。

李先生（化名）为香港居民，2005 年在上海购买一处住宅，签订了《房地产预售合同》，尚未办理该房屋的产权过户期间，李先生不幸在香港病逝。由于李先生父母已经亡故，本人尚未结婚，也无子女，因此他生前在香港立下遗嘱，写明上述住宅由其姐姐的一子一女，即其外甥和外甥女共同继承，该遗嘱在香港经香港法院认证。笔者受托办理其外甥和外甥女的产权过户手续，但是在办理过程中遇到了层层难关，其中涉及以下法律问题：

一、法律适用和法律关系的问题

李先生为香港居民，因此根据香港法律订立了遗嘱，并在香港法院认证。但其中涉及到不动产部分应当适用不动产所在地的法律。

根据大陆现行的《中华人民共和国继承法》（1985 年 10 月 1 日开始实施至今）规定，第一顺序法定继承人为：配偶、子女、父母；第二顺序法定继承人为：兄弟姐妹、祖父母、外祖父母。此案中，李先生没有第一顺序法定继承人，尚有 2 位姐妹，均为第二顺序法定继承人。而李先生立遗嘱将该房屋由其外甥和外甥女继承，由于外甥和外甥女不属于继承法规定的法定继承人，因此，李先生的这一遗嘱内容实际上属于《中华人民共和国继承法》（下称《继承法》）规定的遗赠法律关系（遗赠是指公民可以立遗嘱将个人财产赠给国家、集体或者法定继承人以外的人）。

《继承法》规定："受遗赠人应当在知道受遗赠后两个月内，作出接受或者放弃受遗赠的表示。到期没有表示的，视为放弃受遗赠。"笔者受托时李先生逝世已超过 2 个月，如果李先生的外甥和外甥女无法提供在继承事实发生后 2 个月内曾经作出过接受遗赠的明确表示的证明，那么李先生的遗愿将有可能无法达成。所幸的是香港法院出具的遗嘱认证文书日期晚于李先生逝世之日期，离笔者接受委托之日尚未到 2 个月；受遗赠人在笔者的提醒下，及时进行了接受李先生遗赠的意思表示，并进行了公证。

二、遗嘱和继承事实发生的公证文件问题

根据房地产登记管理部门的规定，办理因继承而发生的房地产产权变更登记，应当提供相关的继承公证文件。

香港居民提供的香港法院认证文件或者香港有关部门出具其他证明文件，均须由经大陆司法部委托的具有公证人职能的香港律师公证后（司法部委托公证人名单可在司法部网站查询），再向不动产所在地的公证机关传递，并由不动产所在地公证机关出具正式的公证文书后，方能被房地产登记管理部门接收。

三、因继承而发生房地产产权变更的税收问题

大陆房地产产权变更过程中主要涉及的应缴税种为契税，各地执行的契税税率略有不同，以上海为例，一般房地产产权变更，受让方应当缴纳房屋总价 3% 的契税。

在实际操作中，如发生不动产继承或夫妻因离婚分割共同财产而产生的产权变更，目前毋须交纳契税。但是，在继承方面，该税收政策仅适用于由法定继承人继承不动产（包括法定继承和遗嘱继承）。此案中，由于李先生的外甥和外甥女不属于法定继承人的范围，因此不能适用上述税收政策，仍视为接受赠与的方式取得房屋产权，必须缴纳房屋总价 3% 的契税。

从本案的分析可见，香港居民如有意对自己名下的大陆不动产进行遗嘱分配，那么，在订立遗嘱时，充分了解大陆对于不动产继承方面的法律和法规是十分必要的。否则，可能由于对大陆继承法的不熟悉，而导致所订立的遗嘱无法真正执行，或是在执行过程中产生巨大的成本。本案中，李先生的外甥和外甥女就曾经因为办理手续的繁杂和产生巨额的税收成本以及公证费、律师费而一度考虑放弃接受遗赠。所幸最终在各方努力和配合下，还是较为圆满地完成了整个产权变更手续。

总结本案，笔者认为香港居民在对自己名下的大陆不动产进行遗嘱分配时应当关注以下几点：

1. 确定遗嘱指定的的遗产接受人是否为大陆《继承法》规定的法定继承人。如不属于法定继承人范围的，则属于遗赠法律关系，需要遗产接受人在知道受遗赠后两个月内做出明确的接受遗赠的表示，才能顺利接受遗产。如遗嘱指定的遗产接受人属于法定继承人范围（包括第一顺序和第二顺序），则只要没有明确表示放弃遗产，

即视为接受遗产。需要注意的是，孙子孙女、外孙外孙女、侄子侄女以及外甥外甥女都不属于大陆《继承法》规定的法定继承人范围。只有当被继承人的子女先于被继承人死亡的情况下，该子女的子女（被继承人的孙子孙女或者外孙外孙女）才能取得相应的法定继承权，即所谓的代位继承权。

2. 及时处理有关的法律文书公证事宜。在不动产的继承过程中，有许多法律文件是需要公证的，由于香港和大陆法律体系不同，涉及香港居民的法律关系在大陆也被认为是涉外法律关系，因此凡涉外法律关系中需要公证的文件（如购房合同等），香港居民也需要公证。在不动产的继承中，涉及需要公证的法律文书主要是遗嘱公证，包括遗嘱真实性、合法性以及该遗嘱没有侵犯其他法定继承人的合法权益的说明；继承事实发生的公证，包括被继承人死亡的法律证明等。香港地区的公证文书须经司法部委托其履行公证职责的授权律师作出，并经不动产所在地的公证处认证。缺乏必要的公证文件，往往也是导致香港居民在大陆的不动产不能顺利继承的原因之一。

3. 考虑税收因素。由于法定继承人继承不动产目前不需要交纳契税，而非法定继承人接受遗赠获得不动产需要交纳3%左右的契税，在大陆房价动则上百万的情况下，对于接受遗赠人会产生不小的税务负担。契税需要在不动产过户之前先行缴纳，因此，如果没有能力缴纳契税，也就无法顺利取得不动产产权。被继承人订立遗嘱之时，应当充分考虑到接受遗赠人必须缴纳税款的问题，以便其能够顺利接受遗赠。

我们建议，香港居民如需对大陆的不动产作出遗嘱处分的，应当咨询不动产所在地的法律专业人士，充分了解该地区在不动产继承过程中的具体政策，才能使将来的不动产继承变得更为顺利，从而达到被继承人订立遗嘱时的初衷。

蔡岚

　　现执业于上海市申达律师事务所。曾获上海市浦东新区司法局新长征突击手、上海市闸北司法行政系统先进个人、第四届上海市优秀女律师等称号。上海市律师协会港澳台法律业务研究委员会委员。擅长业务为房地产、外商投资、银行金融等领域，担任多家外资企业及房地产企业的法律顾问。

试析香港与大陆土地出让法律制度

蔡 岚

一、引言

香港自古以来就是中国的领土，1840 年鸦片战争以后被英国占领。1984 年 12 月 19 日，中英两国政府签署了关于香港问题的联合声明，确认中华人民共和国政府于 1997 年 7 月 1 日恢复对香港行使主权，从而实现了长期以来中国人民收回香港的共同愿望。为了维护国家统一和领土完整，保持香港的繁荣和稳定，并考虑到香港的历史和现实情况，国家决定，在对香港恢复行使主权时，根据中华人民共和国宪法第三十一条的规定，设立香港特别行政区，并按照"一个国家，两种制度"的方针，不在香港实行社会主义的制度和政策。

土地制度作为一个国家最为基本的法律制度之一，是国家社会经济体系中的基石。本文将从一国两制的角度，通过对土地出让制度异同的比较分析，简单介绍大陆与香港两地的土地出让法律制度及各自特点，以期对土地资源的合理开发利用及未来发展方向进行探讨。

二、大陆地区土地出让制度

《中华人民共和国土地管理法》规定，大陆实行土地的社会主义公有制，即全民所有制和劳动群众集体所有制。全民所有，即国家所有土地的所有权由国务院代表国家行使，亦称国有。城市市区的土地属于国家所有。农村和城市郊区的土地，除由法律规定属于国家所有的以外，属于农民集体所有；宅基地和自留地、自留山，属于农民集体所有。

按照《中华人民共和国城市房地产管理法》规定，大陆对国有土地的使用采取两种方式，即土地划拨和土地出让。

土地使用权划拨，是指县级以上人民政府依法批准，在土地使用者缴纳补偿、安置等费用后将该幅土地交付其使用，或者将土地使用权无偿交付给土地使用者使用的行为。除法律、行政法规另有规定外，划拨用地一般没有使用期限的限制。划拨用地主要针对国家机关用地、军事用地、城市基础设施用地和公益事业用地、国家重点扶持的能源、交通、水利等项目用地等等。

土地使用权出让，是指国家将国有土地使用权（以下简称"土地使用权"）在一定年限内出让给土地使用者，由土地使用者向国家支付土地使用权出让金的行为。城市规划区内的集体所有的土地，经依法征用转为国有土地后，该幅国有土地的使用权方可有偿出让。

大陆地区的土地使用权出让可以采取招标、拍卖、协议方式，土地使用权出让最高年限按不同用途确定在 40 至 70 年范围。土地出让金须按照出让合同约定期限付清，通常为一次性付清，支付期限一般不超过 60 日，土地出让金必须全部付清后，方可申办相应的土地使用权证。

三、香港地区土地出让制度

《中华人民共和国香港特别行政区基本法》规定，香港特别行政区境内的土地和自然资源属于国家所有，由香港特别行政区政府负责管理、使用、开发、出租或批给个人、法人或团体使用或开发，其收入全归香港特别行政区政府支配。

自 1842 年香港成为英国殖民地后，香港就开始实行土地批租制度，即土地所有权归英国皇室所有，由港英政府代为掌管并向土地开发商或土地使用者批租土地，开发商或使用者通过承租取得规定期限内的土地使用权，并向港英政府一次性交纳规定期限内的土地使用权出让金。1997 年香港回归后，依照"中英联合声明"、《中华人民共和国香港特别行政区基本法》和香港特别行政区立法机关通过的有关法律，港英时期的土地批租制度得到延续，香港特区政府出让土地使用权的制度继续实行，其收入全部归特区政府支配。

香港政府通过土地契约将不同期限的土地使用权批租给受让人。土地契约是土地出让方和受让方之间达成的协议，在协议中出让方允诺在一定期限内将土地使用权出让给受让方，受让方支付土地出让金后在规定期限内拥有土地使用权，并在期限届满后归还土地。土地契约明确规定了土地的地理位置、面积、租约的期限、土地用途（如住宅用途、工商业用途或其他用途）和对土地使用的限制条件（如建筑物的高度、式样等），土地契约的各项条款非经双方同意不得更改。如果受让人有改变土地用途的要求，在不违反城市规划的前提下，政府允许改变契约中的有关条款，但必须事先提出申请，获得同意并补交相应的地价后方可更改用途。

香港土地批租的期限比较复杂，分为英国殖民统治期间与香港回归中国后两个阶段。其中英国统治香港的一百多年时间内，香港土地的租赁期也曾有多次变化。例如，就香港港岛及九龙界限街以南的土地而言，曾经经历四个阶段：（1）1841 年港府第一次批租土地，当时租期未做明确规定。（2）1844 年以后租期确定为 75 年，并不可续约。（3）1848 年，港英政府把租期从 75 年延长至 999 年，而且不补交任何地价。在随后的50年中，除大部分九龙半岛内地块以及海边地块外，香港港岛及九龙界线街以南批租的土地，租约都是999年租期。（4）1898年，考虑到租期过长导致的规划失控及土地升值损失，港英政府在新批土地时取消了999年租期的租约，取而代之以75年租约另加75年续约（特别地块不可续约），同时政府要求承租人在75年租期期满后支付按新标准制定的土地租金，此后，75年租期成为标准租期，直至1997年香港回归。

香港回归前，为了保持香港在过渡期内政治和经济的稳定，1984年"中英联合声明"规定，港英时期的土地批租制度将继续实行下去。1997年7月1日以前期满的土地契约可以续约；1997年7月1日到期的土地契约可以自动延长至2047年；租赁期限超过1997年7月1日的土地契约依然有效。目前，港府仍以拍卖、招标或协议的方式批租土地，但新租约的期限最长只能到2047年。

四、两地土地出让制度比较及借鉴

大陆土地使用制度改革和土地市场建设主要得益于香港的成功经验。1986年前后深圳借鉴香港土地所有权和使用权分离的理念，建议实行以公开拍卖、招标为主要出让方式的土地使用制度。1987年12月，深圳市首次公开拍卖出让土地，敲响了新中国历史上惊天动地的"第一槌"，拉开了中国土地使用制度改革的序幕，并且最终促成《中华人民共和国宪法》修改。在二十多年来改革实践中，土地出让制度为中国计划经济向市场经济的转型起到了非常关键的促进作用，这一点香港对大陆的指导与借鉴功不可没。

大陆地区目前实行的土地出让是批租制，即政府一次性出让若干年的土地使用权，并一次性收取全部出让金。自从1990年国务院颁布实施《中华人民共和国城镇国有土地使用权出让和转让暂行条例》以来，我国开始在城镇实行以土地所有权和使用权分离为基础，以土地使用权有偿出让为特征的土地批租制度。这一做法的优势在于政府可以在出让初期一次性收齐全部出让金。二十多年来，土地批租制度为地方政府加快城镇建设，促进城镇发展发挥了重要作用，但是其弊端在实行过程中也逐渐显露出来，首先是土地批租实现的财政收入是不可持续的，因为城市土地资源是有限的，以当前市场价格批租土地虽然一次性收取了土地使用权期限内的全部租金，却无法获得未来土地升值的收益，致使土地批租的收益在短期与长期分配上存在结构性失衡；其次是土地出让金的确定是采用对未来的估算与拍卖竞价方式，并非实际土地价值。土地出让金无法与真实土地价值划上等号，这将导致地价与出让金的背离，造成土地市场的大幅价格波动，背离的程度取决于对未来土地供求信息掌握的不完全程度以及土地市场的投机程度，背离的结果必然导致土地市场价格的扭曲。如何改进完善大陆地区的土地出让制度，配合政府有能力控制房价的合理走势，已成为立法部门必须讨论研究的非常迫切的重要课题。

从历史发展看，香港地区土地出让制度的实施远早于大陆，也经历了多个历史发展阶段。香港土地的稀缺性特点导致这一地区不断探索性地改革其土地利用制度。香港目前实行的土地出让制度并非单一批租制，在体会及领悟单一批租制之局限性后，香港已实际推行批租制和年租制的混合体制。目前香港在土地使用权出让时，使用权人需要首先支付一笔固定费用，亦称地价，包括征地费、拆迁费、其他土地前期开发费和出让期限内各个年度的一部分租金；在土地出让期内，使用者每年向政府支付另外一部分的实际年租金，亦称年租。该部分租金按年缴付，土地价值以每年土地市场评估数值为准，按照租率计算，导致该部分租金可能每年的金额不同，从而直接体现土地真实价值变化。香港实行的混合体制仍然是土地政府所有制前提下的土地出让制度，采取固定与浮动相结合的方式，解决了批租制度的局限性。混合体制不仅使得土地价格的定价更具合理性，土地价格不再是预测定价，而且使得地方财政收入更为稳定，更符合社会长远利益。

土地出让制度中另外一个引发关注热议的问题就是出让期限届满后的土地使用权收回制度。目前香港及大陆对这个问题的法律规定存在不同。

香港政府对于土地出让期限届满后的土地处理，按照租约类型的不同而采取不同的处理规定。一种情况为可更新租约，即使用权人可以选择延长租约而不需要支付地价，但是需要按年支付新的年租。另一种情况为不可更新租约，即使用权人可以在租约届满前二十年提出延长租约的申请。而为何提前二十年主要是考虑避免使用权人在租约即将到期时忽略对建筑物的维护管理。在使用权人提出申请后，政府会根据该地块的规划用途作出决定，倘若该地块将规划用于公共用途，则政府不接受延长租约申请，但会对地块上投入的基础设施费用等进行评估及补偿。香港的此类补偿法律规定相当复杂，但迄今为止没有关于租约到期无偿收回土地的规定。

中国大陆《中华人民共和国城市房地产管理法》规定："土地使用权出让合同约定的使用年限届满，土地使用者需要继续使用土地的，应当至迟于届满前一年申请续期，除根据社会公共利益需要收回该幅土地的，应当予以批准。经批准准予续期的，应当重新签订土地使用权出让合同，依照规定支付土地使用权出让金。土地使用权出让合同约定的使用年限届满，土地使用者未申请续期或者虽申请续期但依照前款规定未获批准的，土地使用权由国家无偿收回。"《中华人民共和国物权法》规定："住宅建设用地使用权期间届满的，自动续期。非住宅建设用地使用权期间届满后的续期，依照法律规定办理。该土地上的房屋及其他不动产的归属，有约定的，按照约定；没有约定或者约定不明确的，依照法律、行政法规的规定办理。"由此可见，大陆对于土地使用期限到期的规定，按照土地类型的不同而不同。对于住宅用地使用期限届满的最新规定是自动续期，但是续期多久？是否需要支付出让金？尚无明文规定；对于非住宅用地，仍需提前一年申请续期，若未获政府批准，土地使用权由国家无偿收回。目前大陆地区对于土地使用权到期的法律制度尚处初步阶段，随着时间流逝，这一空白亟待填补，我们期待国家早日出台完整、公正、具体可实际操作的土地使用权回转法律制度。这也将是考评我国土地出让制度是否完整、是否可持续发展的重大标志。

五、结束语

土地问题是关乎国计民生的重大国策问题。实践证明，土地出让制度有利于解决土地的产权归属问题，有利于在所有权不变的前提下解决土地市场化运作的问题，既适用于资本主义，也适用于社会主义。中国大陆及香港地区作为土地出让制度的实施方，应相互研究探讨，充分发挥中国人的聪明才智，使得土地出让制度不断完善，趋于更公平、更合理、更有效，促进人类社会长治久安。

图书在版编目 (CIP) 数据

两岸四地法律实务点滴 / 孙志祥等主编 . -- 上海：文汇出版社，
2012.4

ISBN 978-7-5496-0420-3

I. 两… II. 孙… III. 法律 – 中国 – 文集 IV. D920.4-53

中国版本图书馆 CIP 数据核字 (2012) 第 009741 号

两岸四地法律实务点滴

主　　编：孙志祥　李志强　钟颖　顾跃进

责任编辑：朱耀华

特约编辑：葛珊南　甫跃辉

装帧设计：祁德隆

出版发行：**文匯**出版社

上海市威海路 755 号（邮政编码 200041）

印　　刷：上海锦佳印刷有限公司

版　　次：2012 年 4 月第一版

印　　次：2012 年 4 月第一次印刷

开　　本：890×1240　1/32

字　　数：145 千

印　　张：6.75

印　　数：1-2600

ISBN 978-7-5496-0420-3

定　　价：28.00 元